Marie Hüsing
HELLER HORIZONT

Marie Hüsing

Heller Horizont

Notizen am Abend

Mit einem Geleitwort
von Paul Deitenbeck

CIP-Titelaufnahme der Deutschen Bibliothek

Hüsing, Marie:
Heller Horizont : Notizen am Abend / Marie Hüsing. –
Moers : Brendow, 1989
  (Edition C : C ; 279)
    ISBN 3-87067-362-1
NE: Edition C / C

ISBN 3-87067-362-1
Edition C, Reihe C 279, Bestell-Nr. 56679
© Copyright 1989 by Brendow Verlag, D-4130 Moers 1
Einbandgestaltung: Thomas Georg, Stuttgart
Printed in Germany

Inhalt

Zum Geleit

Es ist schon ein besonderes Gottesgeschenk, wenn eine Diakonisse nach den Jahren ihres Gemeindedienstes durch Bücher, Aufsätze und Gedichte vielen Menschen eine Brücke zum Christusglauben und Vertiefung in der Nachfolge Jesu geben darf. Ich habe Schwester Marie Hüsing vor vielen Jahren als Jugendpfarrer in ihrem Gemeindedienst kennengelernt. Sie war schon damals durch ihren Pflegedienst und ihre Verkündigung eine glaubwürdige Botin des Evangeliums. Sie wurde Jungen und Alten eine Gehilfin der Freude und eine Gefährtin des Trostes.

Wer konnte damals ahnen, daß ihre örtliche Wirksamkeit in einzelnen Gemeinden sich in ihren älteren Jahren so ausweiten würde, daß Marie Hüsing heute eine weit bekannte Schriftstellerin und Dichterin geworden ist. Ihre Andachtsbücher, ihre Bildbände, ihre seelsorgerlichen Aufsätze und Gedichte haben Zahllosen tiefere Einblicke in Gottes Schöpfung und Gottes Erlösungswirken geschenkt.

In diesem neuen Buch „Heller Horizont" – biographische Notizen am Abend – bezeugt die Autorin noch einmal die Führungsgeheimnisse Gottes in ihrem Leben. Angefangen von der durch die Ravensberger Erweckung geprägten Jugendzeit, dann die Jahre der Ausbildung im Mutterhaus Sarepta, danach die vielseitigen diakonischen Dienste in den Kirchengemeinden, so in Lüdenscheid und Stift Quernheim. Aber in ihrem Ruhestand kam das Wirken von Marie Hüsing zu einer noch größeren Entfaltung. Davon berichtet eindrücklich dieses Buch mit meditativen Beobachtungen,

7

Begegnungen und Berichten über Reisen und Freizeiten in den letzten Jahren.

Gott lasse das in geistlicher Ursprünglichkeit und tiefem menschlichem Einfühlungsvermögen verfaßte Buch zu einem Erntesegen für viele werden!

Paul Deitenbeck

Heller Horizont

Vor einigen Jahren fand ein englischer Gelehrter an einem Tor in Indien die alte arabische Inschrift: „Jesus – Friede sei mit ihm – hat gesagt: ‚Die Welt ist nur eine Brücke, schreite darüber, aber baue nicht deine Wohnung darauf.'"

Joseph von Eichendorff formulierte diesen Gedanken so:

Die Welt mit ihrem Gram und Glücke
will ich, ein Pilger frohbereit,
betreten nur als eine Brücke
zu dir, Herr, überm Strom der Zeit.

Die Brücke als Zeichen des Übergangs, als Teil einer Reise, das ist uns auch sonst nicht fremd. Eine Hausinschrift im Ravensberger Land lautet: „Wir sind hier fremde Gäste und bauen doch so feste, und wo wir ewig werden sein, da bauen wir so selten ein."

Wir sind Menschen von unterwegs. Unsere Lebensreise nahm ihren Anfang und wird ihr Ende finden. Aber hat sie auch ein Ziel? Die Bibel sagt: „Wir haben hier keine bleibende Stadt, aber die zukünftige suchen wir."

Keine bleibende Stadt. – Das heißt: Alles ist nur vorläufig, einmal wird es vergehen; alles hat einen Riß, es ist zerbrechlich. Wir gehören zu einer Welt, die unter dem Bann der Sünde und Verlorenheit steht. Das macht unser Leben dunkel.

Doch über denen, die an Jesus Christus glauben, bleibt es nicht dunkel. Der Auferstandene hat ihren Horizont erhellt, er hat ihnen eine lebendige Hoffnung geschenkt.

Noch sind wir unterwegs, noch leben wir unter dem Schatten der Vergänglichkeit und dunkle Wolken ängstigen uns. Doch der Horizont ist hell, weil Christus lebt.

Menschen, die aus der Hoffnung leben, sehen weiter.
Menschen, die aus der Liebe leben, sehen tiefer.
Menschen, die aus dem Glauben leben,
sehen alles in einem anderen Licht.

Lothar Zenetti

Die Segenslinie

Als junges Mädchen sprach ich einmal mit einer Frau, die wie meine Vorfahren aus Mennighüffen stammte. Sie erzählte mir, daß meine Urgroßmutter als eine besonders fromme Frau gegolten habe. „Wieso besonders fromm?" fragte ich zurück, denn ich wollte gern Näheres wissen. „Die Leute erzählten", fuhr sie fort, „sie habe sich schon im Konfirmandenunterricht bekehrt und sei ihr ganzes Leben lang nicht wieder vom Glauben abgefallen. Als vielbeschäftigte Bäuerin sei sie mehrmals am Tag in die Scheune gegangen und habe dort in einer Ecke kniend gebetet. Oft seien Menschen mit irgendeiner Not zu ihr gegangen und hätten sie um ihre Fürbitte gebeten."

Ich spitzte die Ohren. Doch die Nachbarin schwieg. „Wissen Sie sonst nichts mehr von meiner Urgroßmutter?" fragte ich drängend. Sie überlegte und begann dann aufs neue: „Ach ja, eine Geschichte weiß ich noch von meiner Mutter." Sie erzählte: „An einem Julitag in einem heißen Sommer hatten wir ein sehr heftiges Gewitter. Es donnerte und blitzte ungewöhnlich stark. Ein Blitz traf ein Nebengebäude des Hofes und setzte es in Brand. Ein Westwind trieb die Flammen auf das Haupthaus und die Scheune zu. Doch dann kam die Bäuerin aus dem Hause gelaufen, kniete mitten auf dem Hofplatz nieder und rief laut: ‚Herr Gott, drehe den Wind!' Und der Wind drehte sich und trieb die Flammen in die andere Richtung. Verschiedene Leute aus dem Dorf haben das miterlebt."

Es heißt: Der Eltern Segen baut den Kindern Häuser.

Was irdisches Hab und Gut betrifft, hat sich dies Bibelwort bei meinem Großvater väterlicherseits, der den Hof erbte, nicht erfüllt. Der große Hof kam eines Tages unter den Hammer.

Für seine Verarmung soll es verschiedene Gründe gegeben haben. Seine beiden ersten Frauen starben und hinterließen erwachsene Kinder, die abgefunden werden mußten. Eine Viehseuche raffte einen großen Teil seines Viehbestandes dahin. Auch soll eine Fehlkalkulation bei einem Landkauf eine Rolle gespielt haben.

Kurz und gut, mein Großvater, der zuvor Knechten und Mägden Befehle erteilen konnte, mußte fortan als Tagelöhner sein Brot verdienen. Meine Großmutter, die mit achtzehn Jahren als dritte Frau ihres Mannes auf den Hof gekommen war, sah sich gezwungen, mit ihm und den vier Kindern in eine kleine Wohnung des Hofes zu ziehen, die bisher einer der Landarbeiter bewohnt hatte. Mein Vater, von dem ich das alles weiß, erinnerte sich daran, daß seine Mutter damals vom vielen Weinen beinahe blind geworden sei.

Mein Großvater konnte die Schmach nicht verwinden. Er mied die Menschen. Über zehn Jahre lang ging er nicht mehr zur Kirche.

Es war um jene Zeit, als Erweckungsluft durchs Ravensberger Land wehte. In Mennighüffen wirkte Pastor Theodor Schmalenbach als Hirte der Gemeinde. Meine Großmutter und ihre heranwachsenden Söhne hielten sich zu denen, die mit Ernst Christen sein wollten. Mein Großvater blieb ablehnend.

Doch dann wurde er eines Tages ernstlich krank. Seine Angehörigen schickten heimlich Nachricht zum Pastor. Der kam und sprach deutliche Worte mit dem Mann, der noch immer in Groll und Verbitterung lebte und aus diesem Gefängnis nicht allein herausfand. Schmalenbach sprach auch harte Worte: „Wenn Sie denen nicht vergeben können, die Sie betrogen haben, wie soll Gott Ihnen vergeben? Wenn Sie so weitermachen, gehen Sie für ewig verloren." Mein Großvater drehte sich schweigend zur Wand. Pastor Schmalenbach aber kam wieder. Und allmählich taute das Eis. Der verbitterte Mann ließ sich von der Liebe Gottes überzeugen. Er nahm die Vergebung Gottes an und fand Frieden.

Dann starb der Großvater.

Die Beerdigungsfeier mußte auf meinen Vater einen tiefen Eindruck gemacht haben. Bewegt sprach er davon. „Es war eine richtige Siegesfeier", sagte er, „eine Lob- und Dankfeier." Unter anderem habe Schmalenbach einen Satz meines Großvater zitiert, wenige Tage vor seinem Tode gesprochen: „Herr Pastor, nu weet ik, wat geloven beteket. Bei Gott anbucken, wie een Kind bei de Mudder anbuckt." (Nun weiß ich, was glauben bedeutet: sich an Gott anschmiegen, wie sich ein Kind bei seiner Mutter anschmiegt.) Nach langem Widerstand hatte sein Herz Frieden und Geborgenheit gefunden.

Eine Segenslinie? Ich meine sie zu sehen. Segen Gottes kann in irdischem Wohlstand sichtbar werden, muß es aber nicht. Das Wort Jesu: „Was hülfe es dem Menschen, wenn er die ganze Welt gewönne und nähme doch Schaden an seiner Seele?" weist in eine andere Richtung.

Heimatkunde

In der Schule war Heimatkunde eins meiner Lieblingsfächer. Ich weiß nicht, ob der Lehrer, der uns diesen Stoff vermittelte, selber Westfale war. Aber eins steht fest, er verstand es, in uns Kindern die Liebe zum Westfalenland und zur engeren Heimat, dem Ravensberger Land, zu wecken. Wir Schüler unternahmen mit unserm Lehrer eine Gedankenreise. Sie begann in Hannoverisch-Münden. Dort lernten wir den Vers: „Wo Werra sich und Fulda küssen und ihren Namen büßen müssen, da entsteht durch diesen Kuß, deutsch bis zum Meer, der Weserfluß."

Wir wanderten an der Weser entlang, erlebten Städte und Dörfer und erreichten die Porta Westfalica, die Westfälische Pforte, wo der Fluß die nach ihm benannten Berge durchbricht und dann ungehindert seinen Weg bis zur Nordsee fortsetzt.

Lange verweilten wir im Heimatkundeunterricht bei der Beschreibung des Industrieballungsraumes Ruhrgebiet, hörten vom Bergbau und sangen das neu eingeübte Bergmannslied: „Glück auf! Glück auf! Der Steiger kommt . . ."

Meine nähere Heimat, das Minden-Ravensberger Land, mit meinem Heimatdorf Obernbeck, ist dicht besiedelt. Ein Dorf reiht sich ans andere. In meiner Kindheit sprach man in den Dörfern noch überall plattdeutsch. Leider stirbt diese alte, mir so vertraute Sprache immer mehr aus. Einzelne Heimatfreunde versuchen dem entgegenzuwirken. In Theatervereinen werden plattdeutsche Aufführungen eingeübt, die dann in den Sommermonaten auf Freilichtbühnen dargeboten werden und sich großer Beliebtheit erfreuen.

Unsere Kreisstadt Herford hat eine lange und bemerkenswerte Geschichte. Bei der Christianisierung der Sachsen wird sie bereits erwähnt. Sie scheint ein Mittelpunkt bei der damaligen Missionstätigkeit gewesen zu sein.

Später wurden dem „Stift" in Herford eine große Zahl von Kirchspielen unterstellt. In der Stadt entstanden ein Augustiner- und ein Franziskanerkloster. Auch wirkten die „Brüder vom gemeinsamen Leben" in ihr.

Die Reformation konnte in unserm Ländchen schnell Fuß fassen. In Herford, damals bedeutendste Stadt der Grafschaft, vollzog sie sich fast ohne Widerstand. Es waren besonders die Brüder vom gemeinsamen Leben oder die „Fraterherren", wie man sie auch nannte, welche die neue Lehre in die Gemeinden trugen. In Holland entstanden Brüderschaften, Vereinigungen frommer und gelehrter Männer. Sie unterrichteten in den Schulen und trieben wissenschaftliche Studien. Einer ihrer bekanntesten ist Thomas von Kempen, dessen Buch „Die Nachfolge Christi" weltbekannt wurde.

Die 95 Thesen Dr. Martin Luthers fanden bei diesen Brüdern, aber auch bei den Mönchen in den Klöstern großen Anklang. Sie bekannten sich zu der neuen Lehre und sorgten für ihre Verbreitung.

Der ehrwürdigen Geschichte entsprechend verfügt Herford auch über alte Bauwerke. Da ist vor allem die Münsterkirche zu nennen. In ihr finden die jährlichen Kantatefeste unter Mitwirkung Hunderter von Posaunenbläser statt.

Die Dörfer rings um die Stadt Bünde wurden über Jahrzehnte von der Tabakindustrie geprägt. In meiner Jugendzeit gab es in den Dörfern fast kein Haus, in dem nicht Zigarren hergestellt wurden. Männer und jüngere Leute gingen in die Zigarrenfabriken, Frauen und Mütter, die mitverdienen mußten, stellten die Zigarren in Heimarbeit her. Das hatte den Vorteil, nicht aus dem Haus zu müssen und immer für die Kinder dasein zu können. Es bedeutete aber auch mühselige Arbeit, die sie niemals zu einem wirklichen Feierabend kommen ließ.

Landschaftlich hat unser Ravensberger Land eigentlich nichts Besonderes aufzuweisen, keine hohen Berge und keine blauen Seen. Und doch ist es ein liebliches Land, weil es ein fruchtbares Land ist.

Als ich bereits in Bethel lebte und von dort aus auf Besuch

nach Hause fuhr, ging ich gern vom Löhner Bahnhof über die Egge ins Heimatdorf. Die Egge ist nur ein kleiner Hügel in der Landschaft, und doch hat man von seiner Höhe aus einen herrlichen Blick bis nach Bergkirchen und Porta Westfalica. Besonders im Sommer, wenn die vielen Kornfelder reif zur Ernte waren und sich im Sommerwind wiegten, liebte ich diesen Weg. Damals entstand auch das Gedicht, das in den ersten Jahren meiner Betheler Zeit in der „Schmelzhütte", dem Mitteilungsblatt unseres Mutterhauses, abgedruckt wurde. Es soll hier noch einmal seinen Platz bekommen:

Mein Ravensberger Land

An die sanften Ränder blauer Bergesketten,
fruchtgesegnet, durftest du dich freundlich betten;
deine grünen, sommerlichen Wälder
rahmen dunkel weite goldne Felder.

Wo in stillen Gärten reift des Jahres Segen,
blühen bunte Blumen an geharkten Wegen,
ernste Eichen halten treulich Wache.
Schlichter Sinn wohnt unter trautem Dache.

Heimatbilder, farbenfroher Reigen,
meinem Sinn verwoben, ganz mein eigen,
lichte Lebensrunen, mir ins Herz geschrieben:
Kann ich anders, als euch immer lieben?

Die Erweckungsbewegung
in Minden-Ravensberg

Über sie brauchte ich mich nicht nur durch Bücher informieren zu lassen. Selbst noch von einem jüngeren Erweckungsprediger konfirmiert, hat mir mein Vater davon erzählt. Häufig kam er auf die stark besuchten Gottesdienste zu sprechen, die er als Junge miterlebt hatte. In ihnen mußten sich viele Gemeindeglieder mit einem Stehplatz begnügen.

Seit Einführung der Reformation waren über zweihundert Jahre vergangen. Um die Mitte des achtzehnten Jahrhunderts muß es in unserm Land einen verheerenden geistlich-religiösen und sittlichen Verfall gegeben haben.

Ein Pfarrer schrieb zu jener Zeit: „Die Roheit ist grenzenlos. Die Ausschweifungen bei Hochzeiten und Kindtaufen lassen sich kaum beschreiben. Dazu herrscht eine unglaubliche Unwissenheit in religiösen Dingen."

Unter den Verkündigern der damaligen Zeit gab es nur wenige treue Zeugen des Evangeliums. Auf den meisten Kanzeln standen rationalistische Pfarrer, die das Licht der Vernunft über das Wort Gottes Richter sein ließen und ansonsten langweilige Moralpredigten hielten. Es soll in jener Zeit auch vorgekommen sein, daß man statt eines Bibelwortes ein Dichterwort der Predigt zugrunde legte. Doch während die Kirchen veRödeten und geistliches Leben nur noch bei den wenigen „Stillen im Lande" zu finden war, hatte Gott schon Männer vorbereitet, die die Menschen aus dem geistlichen Schlaf aufwecken sollten.

1796 wurde in Hille der Mann geboren, den sich Gott als

17

ein besonderes Werkzeug erwählt hatte: Johann Hinrich Volkening.

Volkening zählte 42 Jahre, als er in die Gemeinde Jöllenbeck, nicht weit von Bielefeld entfernt, versetzt wurde.

Hier hat ihn Gott besonders gesegnet. Er durfte vielen Menschen den Weg zu Jesus Christus zeigen. Seine Gottesdienste waren überfüllt. Unter seiner Kanzel versammelten sich Menschen, die hungrig geworden waren nach dem Brot des Lebens. Manche kamen von weit her, hatten lange Fußmärsche unternommen, um nur rechtzeitig zum Gottesdienstbeginn in Jöllenbeck einzutreffen. Neuer Glaube entstand. Eine neue Liebe blühte auf. Der Heilige Geist wirkte im Ravensberger Land. Nicht nur in Jöllenbeck, auch in anderen Gemeinden kamen durch erweckliche Verkündigung Menschen zum Glauben, wurde das Gemeindeleben aktiviert, so daß man von einer Bewegung sprechen konnte.

Wer in biblischen Linien denkt, den wird es nicht verwundern, daß bei einem solchen Glaubensaufbruch der Widerstand nicht fehlte. Bei einer neuerlichen Beschäftigung mit dem Leben Volkenings fiel mir auf, wie oft dieser Mann angeklagt wurde und vor der Regierung in Minden erscheinen mußte. Doch es gelang seinen Gegnern nicht, weder denen von der kirchlichen wie weltlichen Behörde, diesen Mann mundtot zu machen. Und dabei war Volkening durchaus keine kraftstrotzende Figur. Er wurde bis in sein Alter hinein von allen menschlichen Anfechtungen, Versuchungen, Schwächen und Kümmernissen gequält. Doch er blieb ein Mann des Glaubens, nicht auf sich selbst hörend und nicht auf die tausend Stimmen rings um sich her, sondern einzig auf die Stimme Gottes. Und der Stimme allein gehorchte er.

Wenn eine Glaubenserneuerung echt ist, muß sie Früchte zeigen. In unserem Land waren sie damals deutlich zu sehen. Das wüste Treiben fand ein Ende, zerstrittene Familien versöhnten sich. Es wuchs eine neue Bereitwilligkeit, Gott und seiner Sache zur Verfügung zu stehen. Auf Pastor Volkenings Anregung hin wurden Jungfrauen- und Jünglingsvereine ins Leben gerufen. Auch entstanden überall in den Gemeinden Posaunenchöre; dieses Erbe aus jener Zeit blieb bis heute erhalten. Die Liebe zur Inneren und Äußeren Mission erwachte in den Herzen. Die Bereitschaft, den Notleidenden zu helfen, als Frucht neuen Lebens in der Nachfolge Jesu, kam auch Paster von Bodelschwingh und seiner neugegründeten Anstalt Bethel zugute.

Ohne die Erweckungsbewegung im Ravensberger Land hätte sich das Pflänzlein christlicher Nächstenliebe, das Pastor von Bodelschwingh im Jahre 1872 im Kantensiektal bei Bielefeld vorfand, nicht zu solch kräftigem Baum entwickeln können.

In vielen jungen Menschen erwachte der Wunsch, Jesus Christus zu dienen. Junge Mädchen stellten sich dem Diakonissenmutterhaus Sarepta zur Verfügung, junge Männer dem Brüderhaus Nazareth oder auch als Missionsanwärter der Rheinischen Missionsgesellschaft in Barmen. Der Nachwuchs für das Mutterhaus und die Diakonenanstalt kam in erster Linie aus der Landbevölkerung des Ravensberger Landes. Vater Bodelschwingh hätte seinen Dienst an den Epileptikern auch nicht tun können, wenn die Erweckten nicht so gebefreudig gewesen wären. In Stadt und Land gewann die Anstalt schnell viele Freunde. Bielefeld, es zählte am Ende der siebziger Jahre erst 30 000 Einwohner, war führend in der Leinenindustrie. Die schwere Krise, die durch die Umstellung von der handwerklichen zur fabrikmäßigen Leinenherstellung mit hervorgerufen wurde, war so ziemlich beendet. Der größte Teil der Bevölkerung hatte neue Arbeits- und Verdienstmöglichkeiten gefunden.

So war auch in Bielefeld für die christliche Verkündigung

ein aufnahmebereiter Boden vorhanden. Auch unterstützten einige Bielefelder Kaufleute als bewußte Christen Vater Bodelschwingh damals sehr, einmal durch ihre Gebete und ihren persönlichen Einsatz in den Vorständen der Anstalt, aber auch durch ihre Geldzuwendungen. In dem Buch: „Zeugen und Zeugnisse aus Minden-Ravensberg" schreibt ein Sohn des damaligen Anstaltsleiters, Gustav von Bodelschwingh, über Volkening und seine Arbeit in Jöllenbeck: „Welch eine Wendung durch den Glauben eines einzigen Menschen! Ich habe meine Jugend in einer Zeit verlebt, in der viele von jenen etwa 80 Schwestern, die aus Jöllenbeck zu uns nach Bethel kamen, in meinem Elternhaus ein- und ausgingen. Ich kann den Einfluß nicht vergessen, der von einem Menschen ausgeht, der wirklich glaubt."

Ein Ravensberger Pastor

Ich habe ihn nur einmal plattdeutsch predigen hören, Pastor Eduard Wöhrmann, den langjährigen Leiter der Heimvolkshochschule Lindenhof in Bethel. Positive Urteile über die dort geleistete Arbeit kamen mir manchmal zu Ohren, als ich im Ravensberger Land meinen Dienst als Gemeindeschwester versah.

Nach dem Tode Pastor Wöhrmanns gab die Anstalt ein Büchlein über sein Lebenswerk heraus unter dem Titel: „Ein geratener Mann kann tausend anderen helfen." Nach dem Lesen dieser Erinnerungen, die von verschiedenen Verfassern stammen, wurde bei mir aus der allgemeinen Wertschätzung des Mannes eine ganz persönliche.

Einer von denen, die Pastor Wöhrmann ein Stück seines Lebens begleitet haben, schließt seinen Bericht mit den Worten: „Gott sei gepriesen für dieses gesegnete Leben, durch das es vielen jungen und alten Menschen leichter geworden ist, an Jesus Christus zu glauben."

Neu war mir, daß Pastor Wöhrmann auch einen ausgeprägten Sinn für humorvolle Anekdoten gehabt hat und es ihm eine Freude war, seine Umgebung damit zu erheitern. Mitarbeiter und Kranke pflegte er gern auf solche Weise zu charakterisieren. So erzählte er zum Beispiel von einem Fest der Bethelgemeinde. „In sommerlicher Hitze hatten alt und jung auf einer Wiese am Berghang beim Lindenhof gespielt. Nun waren sie durstig. Frau Julia von Bodelschwingh brachte den labenden Trunk und bedachte dabei ihren Mann und Pastor Wöhrmann besonders, wozu Pastor Fritz trokken anmerkte: ‚Rebekka tränkt ihre Kamele.'"

Ein andermal erzählte er von den Überlegungen, die Frau Julia mit einem Kranken anstellte, um für den Geburtstag von Pastor Fritz das richtige Geschenk zu finden. Dem Kranken leuchtete Frau Julias Vorschlag sehr ein, einen kleinen Wecker mit Leuchtzifferblatt zu besorgen. Beide suchten ein nahegelegenes Uhrmachergeschäft auf. Sie wurden auch bald handelseinig. „Du mußt bezahlen", sagte der Patient zu Frau Julia, was sie auch bereitwillig tat. Beide überreichten am Geburtstag Pastor Fritz dieses Geschenk, gespannt, was er sagen würde. „Es leuchtet nicht", stellte er nüchtern fest. „Doch, doch, im Dunkeln leuchtet es", rief der Kranke. Eine Dunkelkammer zur Probe war nicht vorhanden, aber ein großer Schrank. So stiegen Pastor Fritz und Frau Julia in den Schrank. Der Kranke schloß die Tür und wartete auf Auskunft. „Es leuchtet, es leuchtet", riefen die beiden aus dem Schrank. Und dann kamen sie wieder hervor, und es herrschte eitel Freude und Heiterkeit. Das große Fest konnte seinen weiteren Verlauf nehmen.

Die glückliche Kindheit

Theoretisch gesehen müßte ich eine traurige und unglückliche Kindheit gehabt haben. Der Vater im Krieg, die Mutter tot, ein einsamer Großvater hatte drei kleine Kinder zu versorgen. Er konnte diese Aufgabe nur bewältigen, weil Verwandte und Nachbarn halfen, wo sie konnten.

Wenn ich heute an jene Zeit zurückdenke, kann ich mich nur wundern, wie selten diese Notlage bis in mein Bewußtsein vorgedrungen ist. Ein Kind lebt im Augenblick. Es reflektiert noch nicht seine Verluste. Gewiß, es kennt Traurigkeit, es entbehrt Liebe, aber es läßt sich schnell ablenken. Wahrscheinlich hat mir auch meine blühende Fantasie über manchen Mangel hinweggeholfen. Als ich soweit war, Bücher lesen zu können, verbrachte ich den größten Teil meiner Zeit sowieso in unwirklichen Welten. Das erste Buch, das mich meinem Alltag völlig entrückte, war Johanna Spyris „Heidis Lehr- und Wanderjahre". Es war, als hätte ich mich mit diesem kleinen Mädchen von der Alp völlig identifiziert.

Und wir lebten auf dem Lande. Jede Jahreszeit hatte ihren besonderen Reiz. Noch heute denke ich zum Beispiel an die Kartoffelernten zurück, sobald ich im Herbst irgendwo Landluft schnuppere. Es wurde mit der Forke aufgegraben, und wir Kinder mußten die Kartoffeln aufsuchen und in die Körbe sammeln. Dabei freuten wir uns den ganzen Tag auf den Feierabend, wenn auf dem abgeerntetem Feld das sogenannte Kartoffelfeuer angezündet wurde, in dessen heißer Asche wir Kartoffeln brieten. Manchmal verbrannten wir uns die Münder dabei, das tat aber der Herrlichkeit keinen Abbruch.

Noch heute lebt die Atmosphäre solcher Stunden in meinen Sinnen. Ich höre es noch, wie plötzlich ein Schwarm Krähen aufflog. Damals wunderte ich mich schon darüber, warum die Vögel diesen Entschluß alle auf einmal faßten. Auch an die vielen Zugvögel, die in jenen Herbsttagen über uns dahinflogen, dem fernen Afrika entgegen, kann ich mich noch erinnern.

Damals muß es auch wohl gewesen sein, daß sich die weißen Wolken am hohen Himmel mir ins Herz stahlen. Oft lag ich auf unserer Wiese und sah ihren Bewegungen zu und entdeckte in ihnen wunderliche Gestalten. Diese Liebe zu den Wolken ist mir erhalten geblieben bis auf den heutigen Tag.

Ja, ich hatte trotz aller Entbehrungen eine glückliche Kindheit.

Aschenbrödel verwandelt sich

Es war in der Dämmerung eines Wintertages. Draußen lag tiefer Schnee. Das Feuer im Ofen flackerte. Das Holz knisterte leise. Dem Ofen gegenüber stand an der Wand ein altes, braunes Ledersofa. In eine seiner Ecken hatte sich ein kleines Mädchen mit einer Decke warm eingekuschelt. Das kleine Mädchen träumte. Und in seinem Traum war es nicht mehr das kleine, unansehnliche Mädchen, sondern eine feine Dame. Es wohnte im Schloß. Sein Vater, der Schloßherr, liebte seine Tochter über alles und erfüllte ihr jeden Wunsch. Heute hatte das Schloßfräulein, das nicht nur wunderschön war, sondern auch noch ein gutes Herz hatte, all die armen Kinder aus den umliegenden Dörfern eingeladen. Sie sollten sich an leckerem Kuchen einmal richtig sattessen.

Es war Sommer. Die Blumenbeete im Park leuchteten in

der Sonne. Auf dem grünen Rasen standen weißgedeckte Tische mit feinen Porzellantassen. Die Diener trugen Kuchen herbei. Es lief alles wie am Schnürchen. Das Schloßfräulein eilte graziös zwischen den Tischen hin und her und sah nach dem Rechten. Wie schön sie war in ihrem langen weißen Kleid, wie anmutig in ihren Bewegungen! Das Fräulein vom Schloß hieß natürlich nicht Marie. Solch gewöhnliche Namen waren in diesen Kreisen nicht gebräuchlich. Heute hieß die Schöne, die vor allem um ihres guten Herzens willen bei allen Menschen beliebt war, Adelheid, Fräulein Adelheid. Sie trug auch schon mal den Namen Kunigunde, aber der war inzwischen wieder etwas aus der Mode gekommen. Jetzt war alles gerichtet. Die Kinder konnten eintreten und an den langen Tischen Platz nehmen. Sie würden sicher schon richtig hungrig sein und sich vor dem schmiedeeisernen Tor drängeln. Aber da geschah es. Energisch wurde die Stubentür aufgerissen, das Licht angeknipst und eine ärgerliche Stimme fragte: „Hast du das Brot geholt?" Es war der Großvater. Das kleine Mädchen erschrak. Es blinzelte ins Licht und wußte einen Augenblick lang nicht, wer es war und wo es war. Doch dann sprang es auf, griff nach dem auf dem Tisch bereitgelegten Geld und rannte schnell wie ein Wiesel aus der Stube. O Schreck, das Brot, das hatte das kleine Mädchen völlig vergessen. Im Flur griff es nach Mantel und Mütze und bald trabte die kleine Träumerin die Landstraße entlang. Der Übergang von einer Welt zur anderen gelang mühelos und ohne Komplikationen.

O geheimnisvolle Kinderzeit!

Wunderbare Welt

Wen überkommt nicht manchmal ein stilles Heimweh nach dem Staunen, dem Große-Augen-Machen seiner Kindheit?

Alles in der Welt war neu und wunderbar, alles wollte entdeckt werden. Als ich vor kurzem las, daß für ein Kind in bezug auf das Wunderbare die Nähe zum Kleinen und Allerkleinsten kennzeichnend ist, tauchten eine ganze Reihe früher Kindheitserinnerungen in mir auf. Ich lebte damals, wie auch an anderer Stelle berichtet, in einer Welt des Märchenhaften und Geheimnisvollen. Aus Rissen und Spalten der Dielen des Dachbodens, vor allem aber aus den Mauselöchern im Garten und auf der Wiese, sah ich kleine Kobolde hervorkommen. Oft sprach ich mit ihnen. Kleine Löcher zwischen den Grashalmen und Blättern bildeten die Eingänge zu ihren winzigen unterirdischen Wohnungen. Deshalb nannte ich meine erdachten Wesen die „Unterirdischen". Diesen Ausdruck hatte mein Großvater einmal gebraucht.

Ich sehe mich noch zwischen meinen jüngeren Geschwistern und einigen Nachbarskindern vor einem Hamsterloch im Garten sitzen und Geschichten von den „Unterirdischen" erzählen. Meine Zuhörer lauschten aufmerksam, und das verführte mich dazu, die Erlebnisse meiner kleinen Freunde aus dem Untergrund immer breiter auszumalen, immer glänzender zu gestalten. Sie hatten goldene Kronleuchter und silberne Spiegel in ihren Kammern, die allmählich zu Palästen wurden. Mein Bruder hatte von den Heinzelmännchen gehört und stellte eine diesbezügliche Frage. Ich beteuerte ihm, daß die kleinen Leute, die hier durch die geheimnisvollen unterirdischen Gänge liefen, viel, viel kleiner seien als die Heinzelmännchen. „Wie groß sind sie denn?" wollte eins der Kinder wissen. Ich war um eine Antwort nicht verlegen. „Wie mein Daumen", sagte ich keck.

Damals wußte ich noch nichts von Andersens Märchen, in denen die Spielzeugmännchen, nachts, wenn alles schläft, ihr Wesen treiben: ich wußte nichts von „Alice im Wunderland". Meine Fantasie war einzig befruchtet durch die krabbelnden, schwärmenden und summenden Insekten, denen ich, platt auf dem Bauche liegend, stundenlang zusehen konnte.

Weit liegen jene Tage zurück. Aber ist es nicht ein Wunder, daß solch frühe Kindheitserinnerungen in uns lebendig bleiben?

Suchaktionen

In meiner frühen Kindheit hatte ich drei Großmütter. Über die beiden echten will ich jetzt nicht erzählen, sondern nur eine Episode aus den letzten Lebensjahren von Oma Luise erwähnen. Wir wohnten bei ihr und dem Opa im Haus.

Meine Mutter war schon als junges Mädchen, lange bevor sie meinen Vater kennenlernte, zu dem einsamen Ehepaar gezogen. Sie sollte ihr Haus einmal erben.

Ich war noch sehr klein, als meine Mutter mir erzählte, daß Oma Luise und ihr Mann vor Jahren einen großen Kummer erlebt hätten. Ihre einzige Tochter sei mit dreiundzwanzig Jahren gestorben. An diese Tochter Friederike erinnerte ein Bild. Es hing in dem Zimmer, in dem ich schlief. Unzählige Male habe ich mir das Bild angesehen. In der Mitte sah man das Foto eines schönen jungen Mädchens in der Blüte seiner Jahre. Darunter war ihr Sterbedatum vermerkt. Noch weiter unten am Rande des Bildes stand der Spruch zu lesen: „So demütigt euch nun unter die gewaltige Hand Gottes, auf daß er euch erhöhe zu seiner Zeit!"

Ich verstand das Wort nicht, las es aber immer wieder. Es sank in mein Unterbewußtsein wie ein dunkler Glockenton.

Oma Luise, in ihren gesunden Jahren eine sehr tüchtige und „patente" Frau, wie mir später eine Nachbarin sagte, war in den letzten Jahren ihres Lebens geistig verwirrt. Als Kind habe ich davon nicht viel gemerkt, zumal sie sich besonders lieb zu mir zeigte.

Das Schlimme für die anderen war, daß sie manchmal allein von zu Hause wegging und dann unauffindbar blieb.

Ein früher Herbstabend ist mir in deutlicher Erinnerung. Es wurde draußen schon dunkel, als auf einmal der Ruf nach ihr erklang: „Wo ist Oma Luise? Wer hat sie gesehen?" Zuerst wurden wir Kinder losgeschickt. Wir suchten in der Nähe des Hauses und auch bei den Nachbarn, konnten aber keine Erfolge melden. Da machten sich die Erwachsenen auf den Weg, die Nachbarn schlossen sich an. Wiesen und Felder in der näheren Umgebung wurden abgesucht. Vergeblich. Zu jener Zeit hatten wir auf unserem Hof noch einen offenen Brunnen, aus dem man das Wasser mit einer Winde hochzog. In diesen Brunnen leuchteten einige Männer mit einer Stallaterne hinein. Es sah gespenstisch aus. Inzwischen war es stockdunkel geworden. Allgemeine Ratlosigkeit herrschte. Da ging unsere Nachbarin noch einmal durch den Gemüsegarten, der fünfzig Meter vom Hause entfernt lag. Und siehe da: sie entdeckte Oma Luise zwischen den Stangenbohnen. Sie hatte sich dort zwischen den grünen Wänden niedergehockt – und war gewiß eingeschlafen. Wer weiß es? Wir Kinder tanzten vor Freude um sie herum, als sie von der Nachbarin ins Haus geführt wurde. Ahnungslos lächelte sie allen Anwesenden zu.

Jahre später hatte ich noch einmal an einer Suchaktion teilzunehmen. Da war an einem schönen Sonntagmorgen mitten im Sommer meine zweijährige Schwester plötzlich verschwunden. Sie hatte mit ihren kleinen Beinen einen ziemlich langen Weg durch die Wiesen zurückgelegt und war zuletzt mitten in einem blühenden Kleefeld gelandet. Erst als ich in ihre Nähe kam, sah ich ihren blonden Haarschopf zwischen den roten Kleeblüten aufleuchten. Wie freute sie sich über die vielen Blumen, die ihre kleinen Hände kaum noch halten konnten!

Harmlose Geschichten?

Ja, ich weiß, es gibt ernstere Suchaktionen in unserer Welt. Noch vor kurzem hat mich der Bericht eines Missionswerkes in Amsterdam sehr bewegt. Die dortigen Mitarbeiter hatten es mit einer Frau zu tun, die aus dem Norden des Landes angereist war, um in der großen Stadt ihren drogensüchtigen Sohn zu suchen. Abend für Abend ging ein Mitarbeiter dieses Werkes mit der verzweifelten Mutter von einem Wohnboot zum anderen, um den Jungen ausfindig zu machen. Als sie ihn endlich gefunden hatte, wollte er nicht mit der Mutter nach Hause gehen. Doch sie ließ nicht locker. Nach Wochen heißen Ringens war der Sohn bereit, ein christliches Hilfszentrum aufzusuchen, wo er dann auch Hilfe finden durfte.

Suchaktionen werden auch da nötig, wo Menschen als vermißt gemeldet werden. Hin und wieder erblicken wir auf dem Bildschirm das Foto von solch einem Vermißten und hören, wie seine Gestalt und seine Kleidung beschrieben werden. Für uns Zuschauer bleibt das meistens ein flüchtiger Eindruck, weil wir nicht betroffen sind.

Immer wieder werden auch Kinder entführt. Das ist in unserer gewalttätigen Zeit ein besonders dunkles Kapitel. Es ist gar nicht auszusagen, was die betroffenen Eltern an Angst und Schrecken durchzuleiden haben. Suchaktion. Das Wort kommt in der Bibel in dieser Form nicht vor, seinem Inhalt nach aber häufig.

Im Alten Testament gibt es unzählige Beispiele dafür. Die Propheten sind nicht müde geworden, es dem Volk Gottes immer und immer wieder zu bezeugen, daß sein Gott ein Gott ist, der das Verlorene sucht. Im Neuen Testament haben wir die bekannten Gleichnisse Jesu, die vom Suchen und Finden handeln. Die Frau, die ein Geldstück verloren hat, sucht solange, bis sie es gefunden hat; ebenso der Hirte, der auf der Suche nach dem verlorenen Schaf unterwegs ist. Entscheidend bei allen Gleichnissen ist die große Freude des Wiederfindens.

Es ist eine atemberaubende Botschaft: Die Bibel enthält den Bericht der größten Suchaktion aller Zeiten; Gott schickt seinen Sohn auf diese Erde, um uns verlorene und verirrte Menschen zu suchen, zu finden und selig zu machen. Auf Grund dieser großen Erlösungstatsache sucht Gott nun auch jeden einzelnen Menschen.

Und seine Suchaktion ist noch nicht abgeschlossen.

Eine Krankheit schlägt zu

Meine Mutter starb mit sechsunddreißig Jahren an Tuberkulose. Man schrieb das Jahr 1916. Mein Vater stand an der Front in Frankreich. Ich war im ersten Schuljahr.

Dr. Robert Koch, der Entdecker des Tuberkelbazillus, starb schon im Jahre 1910. Es ist gut, sich in unserer Zeit noch mal daran erinnern zu lassen, welch ein langer und mühsamer Weg nötig war, um die verheerende Volksseuche Tuberkulose auszurotten. In der Familie meiner Mutter forderte sie besonders große Opfer. Nach dem Tode meiner

Mutter erkrankten noch drei Brüder und starben. Der älteste war verheiratet, steckte seine Frau und seine kleine Tochter an, die ihm bald nachfolgten.

Nur zwei Söhne der Familie blieben am Leben. Sie mochten keine Milch trinken. Wahrscheinlich hat ihnen dieser Umstand das Leben gerettet, denn heute ist anzunehmen, daß alle diese jungen blühenden Menschenkinder dahingerafft wurden, weil im Stall an Tuberkulose erkrankte Kühe standen.

Wir denken eigentlich viel zu wenig an die großen Leistungen, die die medizinische Wissenschaft vollbracht hat und die uns allen zugute kommen.

Damals war ich noch zu jung, um den Schmerz meiner Großeltern zu erfassen. Heute denke ich oft an ihr großes Leid. Mir scheint, daß meine Großmutter am meisten gelitten hat.

Der großelterliche Hof befand sich in der Nähe der Schule. Man brauchte nur die Straße zu überqueren, einen kleinen Pfad entlangzulaufen, und schon war man da.

Nach dem Tode meiner Mutter meinte die Großmutter, ich könne doch in jeder großen Pause mal eben zu ihr kommen, sie habe dann auch etwas Leckeres für mich. Der Einladung folgte ich gern. Oft saß die Oma dann schon auf dem Bänkchen vor der Haustür. Sie war dann zwar mit irgendeiner Arbeit beschäftigt, aber ich merkte doch, daß sie auf mich gewartet hatte. Wenn ich angesprungen kam, öffnete sie weit ihre Arme, um mich an sich zu drücken. Ich aber war häufig, eigentlich fast immer so in Eile, daß ich mich ganz schnell wieder aus ihren Armen befreite. Ich mußte ja noch etwas essen und dann auch noch eben in den Obstgarten laufen, um zu gucken, ob da nicht von den saftigen Eierpflaumen ein paar im Grase lagen oder an den Sträuchern eine Beerenfrucht reif war.

Warum ich das erzähle? Einige Jahre später starb auch meine Großmutter. Wir Enkelkinder gingen hinter dem Leichenwagen her als erste in der langen Reihe der Trauergäste, die die Tote zum Friedhof begleiteten.

Mir war auf diesem langen Weg ganz übel zumute. Wegen des Losreißens aus Omas Armen quälten mich schreckliche Schuldgefühle. Sie hatte mich liebgehabt und es mir gezeigt. Ich hatte sie auch liebgehabt und hatte es ihr nicht gezeigt, im Gegenteil, ihre Liebkosungen hatten mir zu lange gedauert. Jetzt tat mir das alles furchtbar leid. Ich hätte laut weinen mögen, aber ich tat es nicht. Im schwarzen Kleid ging das kleine, blasse Mädchen hinter dem Sarge her und ließ den Kopf hängen.

Schuld macht einsam, und da kann auch schon ein Kind unendlich einsam sein.

Nun will ich noch ein wenig von meinem Onkel Hermann erzählen. Mit ihm verband mich eine lebendige Beziehung. Er war meiner Mutter jüngster Bruder und muß etwa mit fünfundzwanzig gestorben sein. Er hat mir einmal heimlich eine kleine Puppenstube gebastelt und sie mir zu Weihnachten geschenkt. Darüber war ich sehr glücklich. Mein Onkel Hermann muß, obwohl er einen handwerklichen Beruf ausgeübt hat, ein Intellektueller gewesen sein. Ich schließe das aus seiner Liebe zu Büchern. Er hinterließ eine ganze Reihe selbstgekaufter Bücher. Zwei davon habe ich geerbt. Einige angestrichene Stellen sind mir bis heute wertvoll. Wo mögen seine anderen Bücher geblieben sein?

An die Zeit nach seinem Tode habe ich nur schwache Erinnerungen, aber je älter ich wurde, umso mehr wuchs mein Interesse an diesem Onkel. Auf mein Befragen erzählte man mir, er sei mit dem Hauptlehrer an der Dorfschule befreundet gewesen. Die beiden hätten sich Literatur ausgetauscht und lange Gespräche miteinander geführt. Auch erfuhr ich dann, daß mein Onkel eine Braut gehabt habe. Ein schönes und feines Mädchen sei es gewesen, erzählte meine Tante. Sie habe meinen Onkel bis zuletzt treu besucht, und noch heute läge auf seinem Grab häufig ein frischer Blumenstrauß, obwohl sie doch eine halbe Stunde mit dem Zug zu fahren habe. Gerade dieser Blumenstrauß, der von einer Liebe kündete, die über den Tod hinausging, regte meine Fantasie an.

Die Kirchengemeinde Mennighüffen besaß drei Friedhöfe: den ganz alten, den alten und den neuen. Mein Onkel Hermann lag auf dem ganz alten Friedhof. Ich habe als junges Mädchen oft an seinem Grab gestanden, immer in der heimlichen Hoffnung, das „schöne, feine Mädchen" dort zu treffen. Es ist nicht geglückt. Auch ihre Blumensträuße wurden mit den Jahren seltener. Ihre Spur verlor sich, so wie sich auch die Spuren der Heimgegangenen allmählich verlieren.

Eins muß ich noch hinzufügen. Der „ganz alte Friedhof", auf dem es schon viele ungepflegte Gräber und auch halbumgesunkene Grabsteine gab, war mir in jenen jungen Jahren zu einem besonders lieben Ort geworden. Jetzt war es nicht mehr das Grab meines Onkels, das mich dort hinzog, sondern mehr die große Stille und Weltabgeschiedenheit, in der Vergangenheit und Gegenwart ineinanderflossen. Besonders im Frühling, wenn sich das lichte Grün der Pflanzen und Sträucher leuchtend abhob von dem ernsten Dunkel der großen Lebensbäume, gefiel es mir dort. Einmal beobachtete ich einen kleinen Vogel auf einem verfallenen Grabstein. Er sang sein jubelndes Lied mit einer Ausdauer, die ich nie für möglich gehalten hätte. Für mich, oder vielleicht besser gesagt, für mein damals so romantisches Gemüt, bedeutete es ein Lebenslied im Angesicht des Todes, ein Zeichen der Hoffnung.

Engelsdienste

Ich hatte ein blondgelocktes Schwesterlein von zwei Jahren.

An einem heiteren Sommertag kam eine Tante zu uns auf Besuch. Wir spielten auf dem Hof. Als die kleine Schwester die Tante sah, lief sie ihr entgegen. Die Tante nahm das Kind auf den Arm, es krampfte – und war tot. Für uns alle unvorstellbar. Der Arzt meinte, Kalkmangel könne die Ursache des plötzlichen Todes gewesen sein.

Meine kleine Schwester, so sagten die Nachbarn später, hätte wie ein Engelein im Sarg gelegen.

Von einem toten Kind als Engel zu sprechen, geht uns heute nicht mehr so leicht von der Zunge.

Und überhaupt Engelein?

Ich habe die barocken Putten nie gemocht. Ich liebe aber in der Kunst die starken, männlichen Engel in den Basiliken, Kathedralen und alten Klöstern, diese Boten aus einer anderen Welt mit ihrem menschlichen Antlitz.

Wie hätte man sie auch anders darstellen sollen?

Es gibt auch heute noch keinen schöneren Titel für einen Menschen, den wir liebhaben und der uns Gutes tut, als wenn wir zu ihm sagen: „Du bist mein Engel", das heißt, ein Botschafter des Unsichtbaren.

Daß wir armen kleinen Menschen uns gegenseitig Engelsdienste tun dürfen, das gibt unserem Leben einen hohen Stellenwert.

Die Kindheitswiese

Wenn man aus der Hintertür meines Elternhauses trat und über den Hof schritt, kam man auf den schmalen Pfad, der zur Wiese führte. Sie war nur klein, etwa hundert Meter im Geviert; aber sie hat im Erleben meiner Kindheit eine große Rolle gespielt.

In einer meiner frühesten Erinnerungen sehe ich mich, kurzstielige Marienblümchen, die dort gepflückt worden waren, in den patschigen Händchen halten. An der einen Seite wurde die Wiese von einem Wäldchen begrenzt. Es bestand aus fünf oder sechs Erlen, einigen hellen Birken und viel Buschwerk. Zur Osterzeit, wenn es noch keine grünen Blätter gab, blühten dort, von den Bienen umsummt, die Weidenkätzchen. Und vom Waldboden sahen die weißen Anemonen, die wir Osterblumen nannten, erwartungsvoll zu einer noch zaghaften Sonne auf.

Auf einem freien Platz im Wäldchen hatten wir Kinder uns eine Spielstube eingerichtet. Ein paar Erderhebungen, die mit dichtem Gras bewachsen waren, luden zum Sitzen ein. Ganze Tage haben wir Kinder dort mit Mutter-und-Kind- oder Auf-Besuchgehen-Spielen verbracht. Später habe ich mich dort oft mit einem spannenden Buch versteckt. Man konnte mich dann nicht so leicht erreichen und zu einer Arbeit heranziehen.

Wenn zur Frühlingszeit das Gras in der Wiese noch kurz war, lag ich oft dort und sah zum blauen Himmel empor. Die Wolken hatten es mir angetan. Sie nahmen in meiner Fantasie immer neue Formen an. Menschen- und Tiergesichter schauten mir entgegen, freundliche und drohende, kühne

Segler, rasende Reiter. Ich konnte nicht begreifen, warum die Wolken so rastlos dahinschwebten, woher sie kamen und wohin sie zogen.

Im Mai und Juni hatte die Wiese ihre hohe Zeit. Dann durften wir sie nicht betreten, sie nur vom Rand aus betrachten.

An warmen, von der Sonne durchfluteten Tagen war sie voller Leben. Die Schmetterlinge umgaukelten ihre Blüten, und das Summen der Käfer klang wie eine ganz feine Musik, manchmal durchbrochen von einem hellen Vogelruf aus dem nahen Wäldchen.

Der weiche Frühlingswind ging wie ein leiser Wellenschlag über das Grün hin, so daß die schlanken Grashalme sich in tänzelnder Weise hin und her wiegten.

Ach, die Gräser! Wenn ich einen Wiesenstrauß heimbrachte, waren immer verschiedenartige Gräser dabei. Da gab es die feinen Rispen des Straußgrases, den zarten Duft des Riechgrases, da gab es vor allem meinen Liebling, das Zittergras. Damals freute ich mich ganz einfach an ihrer Schönheit. Heute weiß ich ein wenig von der Bedeutung und dem Geheimnis der Gräser. Kräuter und Blumen, Bäume und Sträucher würden nicht ausreichen, den Leib der Erde völlig zu bekleiden; das Gras, der Rasen muß sich darüber hinziehen, ihre Nacktheit zu bedecken wie das Fell die Haut eines Tieres. Jeder Grashalm, der hervorsprießt, ist die Antwort der Erde auf einen Sonnenstrahl. Will man darum Gras auf einem Bilde andeuten, genügen schon einfache Striche, die von der Erde zur Sonne weisen; denn das Gras hat nirgends eine breite Fläche, nur Linien, weil die Stengelkraft alles übertönt. Besonders merkwürdig ist es, daß die Gräser nicht wie Blumen blühen. Wohl wiegen sich Ähren und Rispen auf ihren schlanken Halmen im Winde, aber niemand hat je einen Grashalm gesehen, welcher eine farbige Blüte getragen hätte, und wäre sie auch noch so klein. In dieser Eigenart der Gräser liegt ein tiefes Naturgeheimnis beschlossen, das auch für den Menschen von größter Bedeutung ist. Mit der „Blüte"-Losigkeit der Gräser hängt es zusammen, daß sie alle Kraft darauf verwenden können, Samenkörner hervorzubringen. Alle unsere Getreidearten wie Weizen, Roggen, Hafer, Gerste und Hirse, ja auch der aus dem westlichen Erdteil stammende Mais gehören zur Pflanzenfamilie der Gräser. Schon in Urzeiten sind die Getreidearten aus wilden Grasarten gezüchtet worden. Das war eine große Kunst, die heute niemand mehr so recht versteht, weil niemand mehr so tief in die Naturkräfte hineinschauen kann wie jene Weisen, die die Anleitung zur Züchtung der Getreidearten gegeben haben.

Doch kehren wir zurück zur kleinen geliebten Wiese.

Sie hatte nicht nur Gräser aufzuweisen, sondern auch eine Fülle von Blumen. Kuckucksnelke und Sauerampfer, Löwenzahn und Hahnenfuß – und vor allem die weißen Margeriten, die uns von weitem schon entgegenleuchteten und sich in der Vase so lange frisch erhielten.

Für ein Kind ist Blume noch Blume. Es findet die kleine Sonne des Löwenzahns genau so wunderbar wie im späteren Leben Orchideen und Rosen. In der Nähe von Moccia am Lago Maggiore sah ich vor Jahren zum ersten Mal blühende Agaven. Ich war begeistert und bewunderte die Pflanzen, die solch hohe Blütenbäume hervorbringen können, so aufrecht, so mächtig, Wind und Wetter trotzend. Die hohen Blütenschafte wurden oft fotografiert. Wir erfuhren damals, daß eine Agave vierzig Jahre wächst, um sich darauf vorzubereiten, dieses einmalige und einzigartige Blühen hervorzubringen. Ihr Blütenschaft kann sechs bis acht Meter hoch werden und die Blütenblätter drei Meter lang.

Auch in der Natur gibt es große Unterschiede. Da gibt

eine Pflanze vierzig Jahre dran und wartet in Geduld auf den großen Tag ihres Daseins.

Und da gibt es Wiesen, in denen nach dem Mähen in ganz kurzer Zeit Pflanzen und Gräser schon wieder ihre jungen Hälmlein der Sonne entgegenstrecken. Und hinter beiden Lebensformen steht die Weisheit des Schöpfers. Als Kind war ich immer traurig, wenn die Wiese gemäht wurde. Mir taten die Blumen leid, die nun sterben mußten.

In der Frühe eines schönen Junitages kamen einige Männer mit blanken Sensen und mähten die Wiese. Ich wollte es nicht hören und zog die Decke über den Kopf.

Doch der kleine Kummer war schnell vergessen. Nun kam das Heuen, und dabei durften wir Kinder sogar helfen, besonders dann, wenn plötzlich ein Gewitter aufzog und das Heu noch schnell wieder zu Haufen geschichtet werden mußte. Wir Kinder trugen so viel Heu auf unseren Armen herbei, wie wir nur zu fassen vermochten. Abends hatten wir dann den guten Duft noch in unseren Kleidern, den herrlichen Duft nach Sonne und Sommer.

Ich erinnere mich noch an ein Ereignis – ich weiß nicht mehr, ob ich schon zur Schule ging –, da gebärdeten wir uns wie die Wilden. Wir wühlten ungehemmt in solch einem Heuhaufen. Wir sahen in ihm eine Burg, die es zu erstürmen galt. Mit hellem Geschrei, die Arme ausgebreitet, liefen wir los und drückten das trockene Heu an unsere Brust. Wir wälzten uns darin und benahmen uns wie kleine Welteroberer. Das übermütige Glück dauerte nur eine kleine Zeitspanne. Irgendein Erwachsener kam und machte mit strenger Stimme und fester Hand dem Rausch ein Ende.

Lang, lang ist's her. Bis zum heutigen Tage bin ich dankbar dafür, daß ich auf dem Lande und in der freien Natur aufwachsen durfte.

Meine Brüder

Sie haben beide in Rußland ihr Grab gefunden. Der Jüngste hatte aktiv im CVJM und im Posaunenchor mitgearbeitet, das heißt, in der kurzen Zeit, die ihm verblieb. Mit achtzehn mußte er in den Krieg.

Einen Tag vor der Mitteilung seines Todes hatte uns einer seiner Kameraden, der gerade auf Urlaub war, besucht und zu meinem Vater gesagt: „Durch Ihren Sohn habe ich das Beten wieder gelernt."

Darüber hatte mein Vater sich sehr gefreut.

Fritz war Unteroffizier geworden. Obwohl er noch so jung war, fühlte er sich für die kleine, ihm anvertraute Soldatengruppe verantwortlich. Er schrieb mir: „Mich bewegt sehr die Frage: ‚Wie kann ich den Kameraden mein Christsein glaubwürdig vorleben?'"

Der Gemeindepfarrer mußte von der guten inneren Einstellung meines Bruders gehört und sich auch darüber gefreut haben. Er ließ bei der Gedenkfeier in der Kirche das Lied singen: „Wie groß ist des Allmächt'gen Güte."

Ich konnte nicht mitsingen. Mehr noch, ich war innerlich empört. Man sollte Menschen, die ihr Liebstes verloren haben, nicht überfordern, sondern ihnen Zeit lassen zum Trauern.

Heinrich, mein ältester Bruder, ist bei Stalingrad vermißt. Tagelang war die Spannung für all die Menschen, die einen ihrer Angehörigen in der eingeschlossenen Stadt wußten, kaum noch zu ertragen. Man tat seine Arbeit und dachte immerfort: Was wird aus Stalingrad? Da, an einem Vormittag, ich arbeitete zu der Zeit im Labor des Krankenhauses und reinigte gerade Reagenzgläser, als irgend jemand zur Tür hereinkam und die Zeitung auf einen Stuhl legte. Ich las auf der ersten Seite: „Stalingrad aufgegeben."

Schwester Elisabeth saß hinter ihrem Mikroskop. Dabei ließ sie sich nicht gern stören. So weinte ich lautlos für mich.

Nachmittags hatten wir im Mutterhaus eine Unterrichtsstunde. Pastor Kirschsieper fragte in die Schar hinein: „Hat von Ihnen jemand einen Angehörigen in Stalingrad?" Ich meldete mich. Er versuchte, mich zu trösten.

Und dann kamen die Jahre der Ungewißheit, des endlosen Wartens. Wie so viele warteten auch wir vergebens. Es kam keine Nachricht mehr.

Gebetserhörungen

Nach einem Leseabend in der evangelischen Kirche in Bad Enbach fragte mich eine junge Zeitungsreporterin, ob ich ihr nicht irgendein Gotteserlebnis aus meinem Leben erzählen könne, eine Gebetserhörung zum Beispiel. Meine Antwort befriedigte sie nicht. Sie lautete: „Ja, ich habe manches mit Gott erlebt, aber so auf Anhieb kann ich davon nicht erzählen, dazu fehlen mir im Augenblick die rechten Worte." Das Gespräch mit jener reizenden jungen Dame ist mir lange nachgegangen. Hatte sie etwas Sensationelles hören wollen? Oder war sie vielleicht ein suchender Mensch, den ich mit meinen ausweichenden Antworten enttäuscht hatte?

Das junge Mädchen, vielleicht stand es noch in der journalistischen Ausbildung, hat mir jedenfalls damals einen kräftigen Denkanstoß versetzt. Wie steht es um meine Gotteserfahrungen? Weiß ich von Gebetserhörungen zu berichten? Was hätte ich erzählen können und sollen? Zuerst wurde mir neu bewußt: Gott ist nicht nur dann erfahrbar, wenn er auf unsere Anliegen positiv antwortet, wenn er unsere Wünsche erfüllt. Wenn er uns zum Beispiel auf unser Gebet hin die Krankheit nicht wegnimmt, uns aber während der Leidenszeit einen tiefen inneren Segen schenkt, sind wir um eine Gotteserfahrung reicher. Diese stillen, völlig undramatischen Erfahrungen mit Gott sind in einem Christenleben gar nicht zu zählen.

Tiefer Frieden in der Angst der Welt.
Stille Kraft, die in den Proben hält.

So hat Eva von Tiele-Winckler es formuliert. Es sind Geschenke Gottes, durch die er uns näher zu sich zieht.

Doch wie steht es mit den direkten Gebetserhörungen, dem Eingreifen Gottes in ausweglosen menschlichen Situationen?

Da fallen mir eine Reihe von Erlebnissen ein, bei denen ich Gottes helfende Hand deutlich gespürt habe. Ich durfte Erfahrungen machen, die den Augen der Menschen meistens verborgen blieben, weil wir ja alle unsere eigene, ganz persönliche Geschichte mit Gott haben. Oft habe ich dabei an den Satz gedacht: „Gott ist im Kleinsten am größten." Es ist für unseren Verstand unbegreiflich, daß Gott in seiner Größe sich um unsere kleinen Angelegenheiten kümmert. Da bleibt in vielen Fällen nur eine staunende Anbetung übrig.

Eine kleine Geschichte will ich noch erzählen. Sie liegt schon Jahrzehnte zurück. Wahrscheinlich hat sie sich mir so tief eingeprägt, weil es die erste Gebetserhörung war, die ich in meinem jungen Christenstande erlebte.

Es war Winter. Meine dreijährige Schwester, an der ich als Sechzehnjährige Mutterstelle zu vertreten hatte, wünschte sich zu Weihnachten einen Puppenwagen. In unserm Dorf gab es jedoch so etwas nicht zu kaufen. Bis Löhne, wo es größere Geschäfte gab, war es eine Stunde Fußweg.

An einem linden Dezembertag, an dem sich um die Mittagszeit sogar die Sonne blicken ließ, machte ich mich mit der Kleinen auf den Weg. Wir ließen uns Zeit, und mein Schwesterchen schaffte den Weg, fröhlich an meiner Hand trippelnd, ganz gut. Auch in dem Geschäft, das wir endlich erreicht hatten, verlief alles zufriedenstellend. Wir erstanden einen hübschen, kleinen Puppenwagen mit buntkarierten Kissen und einer feinen Spitze am Verdeck. Fest eingepackt ergab der Puppenwagen dann aber ein großes unhandliches Paket.

Nachdem ich noch andere kleinere Dinge besorgt hatte, traten wir beide den Heimweg an. Ich versuchte, so gut wie ich konnte, trotz meiner „Belastung" die kleine Kinderhand zu halten. Eine Viertelstunde lang ging es gut. Doch dann wurde meine Unerfahrenheit über die Leistungsfähigkeit eines kleinen Kindes offenbar. Ruckartig blieb die Kleine stehen und sagte: „Ich kann nicht mehr laufen."

Kein Zureden half. Sie blieb dabei: „Ich bin müde, ich kann nicht mehr." Inzwischen war es dunkel geworden und ein kalter Wind hatte sich aufgemacht. Ratlos stand ich am Straßenrand. Hin und wieder tauchte aus dem Dunkel ein Licht auf. Ein Radfahrer kam vorbei, Autos gab es damals noch nicht so viele.

Schon wollte ich einen der Vorüberfahrenden anrufen und ihn um Hilfe bitten. Vielleicht waren es Männer, die von der Arbeit kamen. Doch dann ließ ich sie wieder vorbeifahren.

Plötzlich fiel mir ein, daß ich auch in dieser Situation Gott um Hilfe bitten könnte. Ernstlich bat ich ihn, uns doch jemanden zu schicken, der uns weiterhelfen würde.

Er schickte niemand, und dennoch half er uns. Es war wie ein Wunder. Als ich das am Straßenrand niedergelegte Paket wieder aufnahm und nach der Hand meiner Schwester griff, setzte sie ihre Beinchen wieder in Bewegung, und sie ging und ging ohne ein weiteres Wort der Klage bis vor unsere Haustür. Ich plauderte während des langen Weges mit ihr. Sie war still, marschierte aber tapfer drauflos.

Der Liederdichter hat recht: „Gott hat viel tausend Weisen zu retten aus der Not."

Sein Reich kommt

Pfingsten 1934. Wir waren zu zweit aus unserm Mädchenkreis in Obernbeck nach Hannover zur Reichstagung des Verbandes für die evangelische weibliche Jugend Deutschlands geschickt worden. Pastor Otto Riethmüller aus dem Burckhardthaus in Berlin-Dahlem und seine Mitarbeiterinnen leiteten die Tagung.

Für Tausende junger Mädchen waren jene Tage ein großes Erlebnis. Auch für mich war alles neu und gewaltig.

Allein schon die Gemeinschaft untereinander beglückte mich. Die Teilnehmerinnen kamen von allen Enden des Reiches; aus Flensburg und Ulm, aus Köln und aus Danzig. Die Danziger Gruppe fiel durch ihre einheitliche Kleidung auf. Alle trugen weiße Blusen und blaue Röcke. In dem Bunt der Tribünen in der Stadthalle wirkte die Gruppe wie eine einzelne weiße Blume in einem farbenfrohen Strauß.

Pfingsten 1934. Ob Pastor Riethmüller und seine Mitarbeiter ahnten, daß es die letzte große Reichstagung christlicher Jugend sein würde? Vielleicht für unabsehbar lange Zeiten? Wohl kaum.

Schon bald danach setzte die Gleichschaltung christlicher Jugendverbände ein. Es gelang den Nazis freilich nicht, die Gruppen der Mädchen in den staatlichen BDM (Bund deutscher Mädchen) zu integrieren, wir durften uns weiterhin in kirchlichen Räumen versammeln. Bibelarbeit, Gebet und Singen waren erlaubt, alles weitere aber verboten.

In Hannover feierten wir noch einmal ein großes Fest miteinander. Für mich war im Ablauf der Tage der absolute Höhepunkt die Aufführung des Oratoriums: „Sein Reich kommt."

Pastor Riethmüller war vorher sechsmal von Berlin nach Hannover gekommen, um das von ihm getextete und komponierte Werk einzuüben. Von der Aufführung war ich tief beeindruckt.

Jesus Christus, der König aller Könige, wird siegen. Sein Reich wird kommen und einmal vollendet werden. Keine Macht der Welt kann das verhindern.

Heute sehe ich deutlicher als damals den Bekenntnischarakter des Oratoriums, war es doch in einer Zeit geschrieben, in der Hitlers „Tausendjähriges Reich" so viele Menschen verblendete.

Otto Riethmüller, der Liederdichter, Musiker und Maler, der seine großen Gaben demütig in den Dienst des Herrn stellte, hat die schlimmen Kriegsjahre nicht mehr erlebt. Er starb 1938.

Seine wertvollen Lieder erinnern mich immer wieder an ihn. Die bekanntesten „Nun gib uns Pilgern aus der Quelle der Gottesstadt den frischen Trank" und „Herr, wir stehen Hand in Hand" werden auch heute noch gern gesungen.

Selig ist der Mann,
der die Anfechtung erduldet

Seit ich vor vielen Jahren Viktor Scheffels Roman „Ekkehard" gelesen habe, kommt mir beim Hören dieses Wortes aus dem Jakobusbrief oft der Schluß jenes Buches ins Gedächtnis. Ekkehard, ein Mönch aus dem Kloster St. Gallen, besucht häufig die Herzogin Hadwig auf dem Hohentwiel. Sie treiben miteinander lateinische Studien und lesen ein altes Heldenepos, das Waltharilied. Unsichtbare Fäden spinnen sich von einem zum anderen. Liebe keimt auf. Mit Recht ist der Leser gespannt, wie das ausgehen mag. Doch dann kommt das alles klärende Schlußbild: Ekkehard widersteht der Versuchung und verabschiedet sich für immer.

„Die Herzogin befindet sich im Garten. Ein zischender, leiser Ton schreckt sie auf. Ihr Auge streifte an dem Felsabhang vorüber, über den einst der Gefangene entronnen; eine dunkle Gestalt entschwand im Schatten, ein Pfeil kam über Frau Hadwigs Haupt geflogen und sank langsam zu ihren Füßen nieder.

Sie hob das wundersame Geschoß auf. Nicht Feindeshand hatte es dem Bogen entschnellt, feine Blätter Pergamentes waren um den Schaft gewunden, die Spitze umhüllt mit einem Kränzlein von Wiesenblumen. Sie löste die Blätter und kannte die Schrift.

Es war das Waltharilied. Auf dem ersten Blatt stand mit blaßroten Buchstaben geschrieben: Der Herzogin von Schwaben ein Abschiedsgruß! Und dabei stand der Spruch des Apostels Jakobus: ‚Selig ist der Mann, der die Prüfung bestanden!' Da neigte die stolze Frau ihr Haupt und weinte bitterlich.“

So viel aus dem heute weithin vergessenen „Ekkehard“.

Vor der Sünde fliehen, Versuchungen aus dem Wege gehen, Anfechtungen bestehen, das paßt nicht mehr in unsere Zeit.

Jedoch der Christ weiß aus Erfahrung um die Anfechtungen und um die Aufgabe, sich darin zu bewähren. Martin Luther hatte sicher recht, wenn er sagte, ein Christ, dem Anfechtungen fremd seien, fehle es am rechten Glauben.

Woher kommen Anfechtungen?

Aus der Unsichtbarkeit, der Verborgenheit Gottes. Da wir ihn nicht sehen und seine Pläne nicht kennen, begreifen wir häufig sein Tun nicht und kommen ins Wanken. Anfechtungen kommen aber auch aus unserem eigenen wankelmütigen Herzen, das sich leicht von klarem Kurs abbringen läßt. Aus der Not der Anfechtung heraus lernen wir beten: „Ich glaube, lieber Herr, hilf meinem Unglauben!“

Der Feind versucht unentwegt, uns von Christus wegzulocken, manchmal versucht er es bis in unsere letzten Stunden hinein.

Eine Bekannte erzählte mir folgende Begebenheit:

„Vor etwa einem Jahr wurde ich an das Sterbebett meines Onkels gerufen. Er wollte mich gern die letzten Tage um sich haben. Da ich gerade diesen Onkel wegen seiner menschlichen Qualitäten und seines freudigen Christseins willen immer besonders geschätzt habe, sagte ich gleich zu und fuhr los. Ich merkte bald, daß mein Onkel sehr still und deprimiert war. Er sah mich mit traurigen Augen an. Lag es an der Krankheit?

Nein, die Ursache seines Kummers lag tiefer. Er machte Andeutungen, die mich erkennen ließen: den treuen Gottesmann quälten schwere Anfechtungen. Seine Heilsgewißheit war ihm abhanden gekommen. Wie konnte ich ihm helfen? Ich betete mit ihm, aber seine Traurigkeit blieb. Ja, es kam noch schlimmer.

An einem Tag winkte er mich an sein Bett und flüsterte: ‚Sag es den anderen nicht, aber das mit Gott und mit Jesus, das ist alles nicht wahr, es gibt überhaupt keinen Gott.‘

Ich erschrak bis ins tiefste Herz. Hilflos ließ ich meine Blicke durch das Zimmer gehen. Da sah ich neben seiner Bibel das Gesangbuch liegen. Mein Onkel hat immer gern gesungen. Er begleitete die Lieder auf dem Harmonium und konnte viele Gesänge auswendig.

Mit dem Gesangbuch setzte ich mich an sein Bett. Ich las ihm viele Lieder vor, erst die bekanntesten: ‚Ich weiß, an wen ich glaube.‘ ‚Mir ist Erbarmung widerfahren.‘ ‚Befiehl du deine Wege.‘ Dann aber auch noch andere. Der Kranke lag still da, mit geschlossenen Augen. Ich merkte aber, daß er das Gehörte in sich aufnahm.

Nach längerer Zeit entspannte sich sein Gesicht. Plötzlich sah er mich an und sagte: ‚Sie haben ja recht, die Liederdichter, sie haben ja recht. Jetzt weiß ich es wieder.‘ Und nach einer Weile: ‚Und nun bete mit mir und danke Gott für seine Gnade.‘

Zwei Tage später ist mein Onkel im Frieden heimgegangen.“

Die Berufung

„Schwester, Ihren Beruf kann man doch sicher nur ausüben, wenn man dazu berufen ist." Oft habe ich in meinen Dienstjahren diesen Ausspruch vernommen. Es ist wahr, in der Diakonie hörte man diesen Begriff verhältnismäßig häufig. Es galt, die Berufung, die am Anfang des Diakonissenlebens stand, festzumachen.

Was meint das Wort „Berufung" im Vokabular eines Christen?

Die Initiative liegt immer bei Gott. Er ruft Menschen in seinen Dienst. Er ruft sie durch sein Wort oder durch besondere Ereignisse.

Manchmal ist der Ruf so klar und zwingend, daß die Gerufenen nur die Entscheidung zwischen Gehorsam und Ungehorsam zu fällen haben. Ich weiß von Mitschwestern, die ihre Verlobung gelöst haben, weil sie die innere Gewißheit hatten: Gott will mich in der Diakonie haben. Andere haben den Ruf geflissentlich überhört, mehrere Male, bis der Rufer ihnen zu stark wurde. Wieder andere waren sich lange im unklaren über den Willen Gottes in ihrem Leben. Der himmlische Vater hat mit jedem seiner Kinder seine besondere Geschichte.

Wenn ein Christ zu einem vollzeitlichen Dienst berufen ist, ebnet Gott für ihn die Wege. Das zeigt sich immer wieder. Er kann auch widerstrebende Eltern bereit machen, ihr Jawort zu geben. Auch das haben viele Diakonissen erfahren.

Ruft Gott auch heute noch Menschen in seinen Dienst? Ganz sicher tut er das. Sein Wort hat seine Gültigkeit nicht verloren. Die Frage lautet: Findet er Menschen, die ihm antworten: „Hier bin ich, sende mich, laß mich dein Bote sein."

Die Gewißheit, von Gott zum Dienst berufen zu sein, kann uns in schweren Lagen eine große Hilfe bedeuten. Mancher hat es schon bezeugt: „Weil ich mich von Gott berufen weiß, kann ich den schweren Weg des Gehorsams im Vertrauen zu ihm willig gehen."

Ist eine göttliche Berufung unanfechtbar?

Nein, unser Weg führt über Höhen und durch Tiefen. Übermut und Angst können uns den Frieden unserer Berufung zu rauben versuchen, doch unser Dienstherr ist treu; er läßt uns nicht über unsere Kraft versuchen. Die Berufung zum Dienst in Gottes Reich ist wie ein helles Licht, das uns auch auf dunklen Wegen still und stetig voranleuchtet.

Kleines Glied in langer Kette

Auf die Frage, was mein Leben am stärksten geprägt habe, kann ich nur antworten: mein Entschluß, Diakonisse zu werden. Jahrelang lebte der Wunsch in mir, mal stärker, mal schwächer. Ich wurde zu Hause gebraucht und mußte warten. Das war nicht immer leicht, aber gewiß heilsam, denn so konnte der Wunsch zum festen Entschluß heranreifen.

Da es auch in meinem Glaubensleben durch mancherlei Krisen ging, war die lange Wartezeit sicher gut für mich.

Als ich 1938 nach Bethel ging, ahnte ich nicht, daß es bald Krieg geben würde. Doch davon will ich an dieser Stelle nicht berichten.

Sarepta war damals ein großes Mutterhaus mit 2000 Schwestern. Es gab vielseitige Ausbildungsmöglichkeiten und viele und sehr unterschiedliche Arbeitsplätze, an denen Sareptaschwestern ihren Dienst verrichteten.

Diese Blütezeit der weiblichen Diakonie haben wir seinerzeit als ganz selbstverständlich hingenommen. Niemand konnte vorausahnen, daß die Diakonissen-Mutterhäuser fünfzig Jahre später auf ganz kleine Zahlen zusammengeschrumpft sein würden.

Über die Ursache des Rückgangs ist und wird in den Mutterhäusern ernstlich nachgedacht und versucht, mit Liebe und Hingabe doch noch „Nachwuchs" zu gewinnen, allerdings mit sehr geringem Erfolg. Wir alle wissen, daß sich unsere Welt, ihr Menschenbild, ihr Stilgefühl, ihr Lebensgefüge, ihre technischen und wirtschaftlichen Möglichkeiten in den letzten Jahrzehnten stark verändert haben. Ob das dazu beiträgt, daß junge Menschen kaum noch den Weg in die Mutterhaus-Diakonie finden?

Gewiß, in der Geschichte des Reiches Gottes hat es immer Zeiten des Aufbruchs und des Niedergangs gegeben und auch Zeiten des Umbruchs und der Übergänge. Gott ist nicht an unsere menschlichen Strukturen gebunden. Sein Geist weht, wo er will.

Und doch fragen sich viele, die einen klaren Auftrag in diese Dienst- und Lebensform hatten – und darin glücklich wurden –, ob es wirklich Gottes Wille ist, daß die Diakonissen-Mutterhäuser aussterben. Niemand kann es leugnen: Es sind unzählige, stille Segensbächlein von ihnen ausgegangen.

Die Entwicklung der Mutterhaus-Diakonie mutet uns heute wie ein Wunder an. Im Jahre 1836 begann Theodor Fliedner in Kaiserswerth mit der ersten Diakonisse, sie hieß Gertrud Reichard, die Arbeit aufzubauen. Aus diesem Senfkorn wurde ein mächtiger Baum.

25 Jahre später gab es bereits 27 Diakonissen-Mutterhäuser, die nach den gleichen Grundsätzen wie in Kaiserswerth arbeiteten. Theodor Fliedner bezeichnet man gern als den „Erneuerer des apostolischen Diakonissenamtes". Wahrscheinlich hat es in den ersten Christengemeinden schon Frauen gegeben, die vollzeitlich im Dienste der Nächstenliebe standen. Eine von ihnen, die wir namentlich kennen, war die in der Apostelgeschichte erwähnte Phöbe.

Unser Mutterhaus Sarepta in Bethel hatte das Glück, in seinen Anfangsjahren in Pastor Friedrich von Bodelschwingh einen weisen, liebevollen und vollmächtigen Leiter zu finden.

Als Bodelschwingh 1872 nach Bethel kam, holte er die seit drei Jahren in einem kleinen Mutterhaus in Bielefeld lebenden Schwestern in die neugegründete Anstalt und gab ihnen dort ihr Arbeitsfeld.

Er baute ein großes Mutterhaus, das sich bald mit jungen Schwestern füllte. Viele kamen aus der näheren Umgebung, dem Ravensberger Land, wo Gott eine Erweckung geschenkt hatte.

Bodelschwingh in Bethel. – Manche seiner Freunde konnten es nicht verstehen, daß er, der Ministerssohn, der Adelige, der nach Begabung und Beziehungen einen ganz anderen Platz hätte ausfüllen können, zu den Epileptikern gegangen war. Doch er, der „Apostel der Liebe", dachte anders darüber. Er fand Wege zu den Herzen der Patienten und Mitarbeiter, so daß ihn bald alle „Vater Bodelschwingh" nannten.

Dieser geniale und vielseitig begabte Mann als Diakonissenpastor. Darüber wäre noch viel zu schreiben. Seine „Weihnachtsbriefe", die er Jahr um Jahr an die Schwestern richtete, sind ein kostbares Vermächtnis. Wenn auch in der Sprache veraltet, lassen sie uns doch einen Mann erkennen, der über die besondere Gabe der Seelsorge verfügte. Den Leitungen der heutigen Mutterhäuser fällt die schwere Aufgabe zu, ein angemessenes Verhältnis zur Geschichte der Diakonie zu finden, die Grundlagen nicht aus den Augen zu verlieren und doch ganz offen zu sein für neue Wege und neue Aufgaben.

Was wir in der Diakonie am dringendsten brauchen, sind junge dienstbereite Menschen. Es gibt sie sicher noch, aber der Zeitgeist bläst ihnen ins Gesicht. Die Menschen wollen frei sein, sie scheuen, sich zu binden, sind es gewöhnt, viel Geld zur Verfügung zu haben, und für viele ist es das Wichtigste, möglichst viel „vom Leben zu haben". Die schleichende Entchristlichung unseres Volkes spricht eine deutliche Sprache. Unter dem Druck des Zeitgeistes verändert sich die Haltung der Menschen mehr und mehr. Das biblische „dienet einander" ist aus der Mode gekommen.

Ich habe miterlebt, wie das Wort „dienen" und auch seine inhaltliche Bedeutung im Laufe der Zeit in Mißkredit geriet, und zwar auf allen Gebieten.

Nachdem es schon lange keine Diener und Dienstmädchen mehr gibt, spricht man heute auch im öffentlichen Leben lieber vom „Service" als von einer Dienstleistung. Das hat übrigens eine komische Seite: das Wort „Service" geht auf das lateinische „Servus" zurück und das heißt Sklave.

Das Bild der Frau und Mutter, die ihrer Familie dient und für ihr Wohl sorgt, ist weithin verpönt. Die Selbstverwirklichung der Frau auf der Basis ihrer eigenen Belange und Interessen wird verherrlicht. Aber warum zerbrechen denn heute so viele Ehen?

Es gibt dafür eine Reihe von Gründen. Sie alle gehen aber letztlich auf den einen Grund zurück, daß jeder der beiden Ehepartner sein eigenes Glück sucht und nicht bereit ist, für den anderen dazusein, ihm zu helfen und zu dienen. Da kann man noch so viel über Liebe reden, ihren Echtheitsbeweis erbringt sie nur dadurch, daß ihr das Wohl des anderen wichtiger ist als das eigene.

Vor kurzem stieß ich in bezug auf das Thema „Dienen" auf einen mir ganz neuen Aspekt. Über einen verstorbenen Pfarrer las ich das Wort: „Er war ein gesegneter Diener des Wortes." Das brachte mich zu der Frage: Gibt es denn auch Herren des Wortes? Leider gibt es sie. Wer seine eigenen Intelligenz, seine Ideologie oder Philosophie über das Wort der Schrift erhebt; wer sich hochmütig und selbstherrlich dem Anspruch und der Herausforderung der Bibel entzieht und statt dessen mit den scharfen Waffen seines Verstandes ihr zu Leibe rückt, der ist kein Diener des Wortes mehr, sondern gebärdet sich als sein Herr.

Mir fiel in dem Zusammenhang ein Wort von Calvin ein: „Das Wort ist die Grundlage, auf welcher der Glaube sich gründet und das ihn trägt. Wendet sich der Glaube vom Wort weg, so bricht er zusammen. Nimm also das Wort weg und kein Glaube wird übrigbleiben."

Doch ich bin etwas vom Thema abgeschweift.

In dem Maße, wie sich in unserer Gesellschaft das Dienen verflüchtigt hat, konnte sich das Verlangen nach Verdienen festigen. Es geht alles ums Geld. Schon die Kinder fragen, wenn man sie um eine Hilfeleistung bittet: Was bekomme ich dafür?

Aber ist das alles nicht zu negativ gesehen? Gibt es nicht auch heute noch viele junge Menschen, die sich für eine gute Sache engagieren? Ganz gewiß. Und es ist ein hoffnungsvolles Zeichen.

Manche verstehen sich sogar als engagierte junge Christen, sie setzen sich ein für die Bevölkerung der Dritten Welt, für Behinderte und andere Randgruppen, für die Umwelt und den Frieden.

Die Diakonie motiviert ihr Tun so: Mein Leben gehört Jesus Christus. Ich setze es ein für den Nächsten, der mich braucht.

Es kommt dabei nicht auf die Formulierung an. Gott sieht das Herz, ob ich mich nun engagiere oder diene.

Ich selber aber gestehe ganz offen: Ich mag das Wort „dienen" lieber. Und da kann man mich ruhig als altmodisch ansehen.

Unser Herr und Meister, der große Diakon, hat sein Leben für diese Welt und damit für uns alle hingegeben. Er hat uns durch Wort und Vorbild zum Dienen aufgerufen. In dieser Welt ist unser Dienen durch Unvollkommenheit gekennzeichnet und durch Sünde befleckt. In jener Welt aber, die Christus uns verheißen hat, wird es in reiner Freude geschehen und darum vollkommen sein.

„Und es wird nichts Verfluchtes mehr sein. Und der Thron Gottes und des Lammes wird in der Stadt sein, und seine Knechte werden ihm dienen und sein Angesicht sehen, und sein Name wird an ihren Stirnen sein" (Offenbarung 22, 3,4).

Freisein für andere

Seltsam, wie einen manchmal alte Erinnerungen überfallen und das Denken in eine bestimmte Richtung lenken!

Ich hatte dienstlich häufig mit ihm zu tun, dem Herrn auf dem Amt. Auch für Diakonissen werden Gänge zu Behörden leichter, wenn freundliche Beamte hinter den Schaltern sitzen. Herr N. war solch ein liebenswürdiger Beamter. Später durfte ich sogar in sein Büro eintreten. Er ging auf alles ein, was ich vorbrachte und half, wo er nur konnte. Im Laufe der Jahre wuchs das Vertrauen zueinander, und wir redeten auch wohl mal über nichtdienstliche Dinge.

Einmal kam die Rede auf unser Mutterhaus. Plötzlich sah Herr N. mich schelmisch an und sagte: „Darf ich etwas fragen? Ich weiß, die Leute reden viel Unsinn, aber manche von ihnen behaupten, die Diakonissen hätten entweder keinen Mann mitgekriegt oder wären unglücklich verliebt gewesen. Was sagen Sie dazu?"

Ich mußte lachen und sagte scherzhaft: „So wird's wohl sein, aber wahrscheinlich unternahmen die jungen Mädchen auch viel zu schnell die nötigen Schritte, um ‚unter die Haube zu kommen'. Sie waren erst um die zwanzig herum, als sie eintraten. Wenn sie es nicht so eilig gehabt hätten, wäre vielleicht doch noch ein Mann für sie aufgekreuzt oder sie hätten ihre unglückliche Liebe bis dahin verschmerzt."

Doch dann folgte ein ernsthaftes Gespräch mit Herrn N. Ich konnte ihm von Diakonissen berichten, die sich die Zustimmung ihrer Eltern zu ihrem Entschluß hart erkämpfen mußten. Es gab unter Verwandten und Bekannten nur Widerstand. Sie aber wußten sich zu dem Weg in die Diakonie von Gott berufen und ließen sich durch nichts davon abhalten.

Durch die Erinnerung an dies lange zurückliegende Gespräch fiel mir die Festschrift ein, die unser Mutterhaus Sarepta zu seinem hundertjährigen Jubiläum herausgegeben hat. Das Buch trägt den Titel: „Freisein für andere." Die Journalistin Rosemarie Winter aus Hamburg formulierte die Texte; die vielen guten Fotos stammen von Günter Hildenhagen aus Münster. 1969 war unser Jubiläumsjahr. Einige Sätze möchte ich daraus zitieren:

„Frei für Gott und frei für die Mitmenschen. Darin liegt nach wie vor ein Hauptstück des Selbstverständnisses der Diakonisse. Die Diakonisse nimmt sich um ihres Dienstes und Auftrages willen die Freiheit, anders nachzudenken über die derzeit herrschende Mode, über Geld und Besitz, über Zeiteinteilung und Berufsweg. Das alles hat gar nichts mit einem Armutsideal zu tun. Es liegt absolut keine Scheu vor weltlichen Dingen und Genüssen vor. Auch von Dünkel und innerer Verklemmung kann nicht die Rede sein.

Vielmehr geschieht alles einzig und allein aus dem einen Grunde: frei zu sein für den Dienst, den andere nicht tun können oder tun wollen, weil sie gebunden sind oder nicht daran interessiert sind.

Und für dieses Freisein muß man oft in der Gebundenheit an den Auftrag andere Wege gehen, als sie die öffentliche Meinung gerade vorschreibt.

Das muß nicht unbedingt ein Diakonissenweg sein. Aber das ist nun einmal ein Weg, der mit dem Freisein für andere eine segensreiche und nun eine bereits hundertjährige Geschichte hinter sich hat."

Nachtwachen

Während unserer Krankenpflegeausbildung und vor allem nach dem Examen war es für Krankenhausschwestern selbstverständlich, daß sie hin und wieder in die „Nachtwache" kamen.

Ich selber blickte diesem Ereignis immer etwas mit Bangen entgegen, andererseits sah ich in ihm auch einen Vertrauensbeweis. Seltsam, jetzt nach Jahrzehnten kann ich mich an die Gesamtzeit dieser Nachtwachen kaum noch erinnern. Nur einzelne kleine Begebenheiten, die für mich damals wichtig wurden, stehen mir noch deutlich vor Augen.

In einer Nachtwache im Allgemeinen Krankenhaus in Hagen hatte ich eine chirurgische Männerstation zu betreuen. Spät abends schellte ein Patient, dessen rechtes Bein eingegipst war und auf einer hohen Stellage ruhte. „Schwester, da muß eine Druckstelle sein, ich kann vor Schmerzen nicht schlafen." „Das tut mir leid, aber ich kann am Gipsverband doch nichts ändern. Warten Sie mal ab, vielleicht schlafen Sie doch noch ein." Damit verließ ich ihn. Nach einer halben Stunde schellte er wieder. „Schwester, ich halte es nicht aus." Was sollte ich tun? Durfte ich aus diesem Grunde den Notarzt rufen? Ich war ein Neuling im Krankenhaus und hatte wenig Erfahrung. Plötzlich kam mir ein Gedanke, das heißt, er kam mir, als ich den Gipsverband noch mal betrachtete. Ich holte Watte und versuchte vorsichtig, mit einem Spartel von dieser Watte etwas in den schmalen Spalt zwischen Verband und Bein dicht unterhalb des Knies zu schieben. Auf einmal sagte der Mann: „Es hilft, der Schmerz läßt nach." Ich probierte, noch ein wenig mehr Watte an die Druckstelle zu bekommen. Der Mann strahlte und bedankte sich, als hätte ich ihm das Leben gerettet. Als ich nach einer halben Stunde noch mal bei ihm reinschaute, schlief er friedlich.

Ich war ganz glücklich und fühlte mich sehr ermutigt. Mit so wenig Aufwand konnte man einem Menschen helfen? Dann war es doch gut, Krankenschwester zu werden, dann lohnte es sich.

Das zweite, nicht vergessene Erlebnis hatte ich ebenfalls in Hagen während jener ersten Nachtwache.

Auf der Männerstation fand ich an einem Abend einen jungen Mann vor, der sich bei einem Betriebsunfall schwere Verbrennungen zugezogen hatte. Es stand schlecht um ihn, und er ging einer schweren Nacht entgegen. Trotz schmerzstillender Mittel schlief er nur wenig und war sehr unruhig.

Er machte den Eindruck, als ob er auf jemanden warte. Er sah beständig zur Tür und fragte immer wieder nach der Uhrzeit. Erst am nächsten Morgen erfuhr ich den Grund seines ungeduldigen Wartens. Gegen sechs Uhr, als der „Frühdienst" seine Arbeit auf der Station aufnahm, kam eine fremde Diakonisse zur Tür herein, Schwester Elli, eine Michowitzer Diakonisse. Für den schwerkranken jungen Mann war sie das „Mütterchen" aus der Kinderheimat, in der er einen großen Teil seiner Kindheit verlebt hatte.

Schwester Elli hatte am Vorabend ein sie erschreckendes Telegramm erhalten und sich sofort auf die weite Reise gemacht.

Nun trat sie an das Bett „ihres" Jungen, verbarg ihre Erschütterung über seinen schlechten Zustand und sprach ihm tröstend zu.

Mich bewegte das alles sehr. Hier erlebte ich nun ein Stück Praxis aus dem Arbeitsbereich der Michowitzer Schwestern. Im diakonischen Unterkursus hatten wir ausführlich über das Lebenswerk Eva von Tiele-Wincklers in ihrer oberschlesischen Heimat gesprochen. Auf Mutter Evas Herzen lastete die Not der Kinder besonders schwer. Hier sah sie auch für ihre Schwesternschaft einen wichtigen Auftrag. An vielen Orten entstanden „Kinderheimaten", Heime, in denen heimatlose Kinder in kleinen Gruppen von Schwestern betreut und erzogen wurden. Die Liebe gab Mutter Eva den Gedanken der familienhaften Unterbringung der Kinder ein, die heute von allen Kinderpsychologen als die beste Möglichkeit der Heimunterbringung angesehen wird.

Das Wort „Heimkind" ist heute schwer belastet. In manchen Fällen sicher nicht zu unrecht. Aber darüber sollte nicht vergessen werden, daß durch Jahrzehnte hindurch bis auf den heutigen Tag Heimkindern auch viel Liebe zugeflossen ist von Menschen, die unter dem Einsatz ihrer Persönlichkeit den Kindern und Jugendlichen ihr Bestes gegeben haben. Und nun denke ich noch einmal an Eva von Tiele-Winckler und an ihre oberschlesische Heimat, von der sie in einem Gedicht schrieb: „Du Volk meiner Heimat in Nebel und Rauch, dir bleib ich treu bis zum letzten Hauch." Wie fern liegt das alles! Das ganze Gebiet gehört heute zu Polen. Auch innerlich haben wir uns weit von der Zeit Mutter Evas entfernt. Oder doch nicht? Hatte diese Mutter in Christo nicht recht, als sie sagte:

Es kommt nicht darauf an, glücklich zu sein,
sondern glücklich zu machen.
Es kommt nicht darauf an, geliebt zu werden,
sondern zu lieben.

Das dritte Nachtwachenerlebnis, das sich einprägte, hatte ich im Kriegssommer 1942.

Im Krankenhaus Gilead in Bethel waren einige Stationen mit verwundeten Soldaten belegt. In einem Saal mit zwölf Betten lag in der Ecke nahe der Tür Joseph, ein Bauernjunge aus dem bayerischen Wald. Es hatte ihn schwer getroffen: querschnittgelähmt. Unser Joseph war ein schweigsamer Patient. Die Kameraden konnten seinen bayerischen Dialekt nur schwer verstehen. Joseph sprach nur mit den Ärzten und Schwestern schriftdeutsch, und dann auch nur das nötigste. Aber trotzdem hatten wir ihn alle gern und empfanden tiefes Mitleid mit ihm. In seinen guten, reinen Augen spiegelte sich sein Empfinden wider: Freude, wenn er Post bekam, Angst vor der Zukunft und auch das quälende Heimweh nach seinen heimatlichen Bergen. Joseph war ein frommer Junge. In seinem Nachtschrank lag sein Rosenkranz. Zu bestimmten Zeiten holte er ihn hervor und betete. Joseph strahlte etwas Reines, Unverdorbenes, aber auch etwas Urwüchsiges aus.

Im stillen nannte ich ihn den „Waldbauernbuben". Eines Tages hieß es: „Unser Joseph soll morgen verlegt werden. Ein Lazarett in München will ihn aufnehmen."

Ich freute mich für ihn und mit ihm, und zugleich schnitt mir seine Hilflosigkeit ins Herz. Dieser schreckliche Krieg!

Was mag aus diesem feinen jungen Mann geworden sein? Ich hoffe nur, daß sein Glaube ihm Kraft gab, mit seinem schweren Los fertig zu werden.

Nach dem Examen im Kinderkrankenhaus war ich einige Male zur Nachtwache eingeteilt. Auch damals war noch Krieg. Unvergeßlich ist mir der Umzug von Bethel nach Ekkardtsheim in der Senne. Laut einer Verfügung wurden wegen der häufigen Bombenangriffe auf die Stadt Bielefeld alle Kranken, gemeinsam mit dem Pflegepersonal, evakuiert. Eines Mittags bestiegen wir den Bus. Auf jedem Platz saß eine erwachsene Person mit einem kranken Säugling auf dem Schoß. In einem anderen Auto wurden die vorbereiteten Milchflaschen transportiert. An unserem Zufluchtsort bezogen wir ein Haus, das in keiner Weise den Anforderungen einer Kinderklinik entsprach, und doch waren wir alle überglücklich. Endlich gab es jetzt wieder ruhige Nächte. Durch den häufigen Fliegeralarm in den letzten Monaten, bei dem wir im Eiltempo alle kranken Kinder in den Luftschutzkeller zu bringen hatten, waren alle Mitarbeiter des Hauses am Ende ihrer Kräfte. Es hatte Nächte gegeben, in denen die Sirenen zwei- oder sogar dreimal aufgeheult hatten. Da war an Schlaf nicht zu denken.

Doch nun befanden wir uns in dem ländlichen Eckardtsheim und konnten endlich wieder nachts durchschlafen. Dafür nahmen wir die primitiven Verhältnisse gern in Kauf.

In jener Zeit wurden uns besonders viele kranke Säuglinge mit schweren Ernährungsstörungen gebracht. Eine junge blonde Frau im schwarzen Kleid sagte, als ich das kranke Kind aus ihren Armen nahm: „Schwester, helfen Sie, daß mein Kind wieder gesund wird. Mein Mann ist gefallen. Das Kind ist das einzige, was ich noch habe." Und auch in diesem Fall setzte dann der Kampf der Ärzte ein, um das flackernde Lebenslicht zu erhalten und neu anzufachen.

Eines Mittags entspann sich zwischen der behandelnden Ärztin und mir folgendes Gespräch: „Nein, ich mache keine Bluttransfusion mehr, es ist sinnlos." Ich dachte an die Mutter und bat: „Ach, bitte, Frau Doktor, noch eine, es könnte doch noch ein Wunder geschehen."

„Na gut, um ihres unverschämten Geilens willen."

Das Wunder blieb aus. Das Kindchen starb. Ich habe um den Tod dieses Kindes geweint.

An diesen Kampf um das Leben kranker Kinder, der sicher auch heute noch in den Kinderkliniken geführt wird, werde ich häufig erinnert, wenn ich an die vielen Abtreibungen in unserer Zeit denke. Mit dem Gegensatz, der hier aufklafft, werde ich nicht fertig. Ich habe soviel Schmerz über den Tod eines Kindes miterlebt und soviel Freude über die Genesung kranker Kinder gesehen, daß ich einfach nicht begreife, wie man Kinder umbringen kann, die man gut zur Welt bringen und aufziehen könnte, wenn man guten Willens wäre. Noch ein letztes Erlebnis aus meiner Arbeit im Kinderkrankenhaus: Die Stationsschwester hatte mir beim Antritt der Nachtwache gesagt: „Die kleine Ute ist noch nicht getauft. Ihre Mutter hat mich gebeten, dem Kind die Nottaufe zu geben, wenn es mit ihm zu Ende gehen sollte. Ich übertrage den Auftrag an Sie. Taufen Sie das Kind bitte, wenn Sie meinen, daß es sterben wird."

Das elende Würmchen, dem ich immer wieder etwas Tee einzuflößen versuchte, wurde von Tag zu Tag elender.

Schon in der dritten Nacht veränderte sich der Zustand des kranken Kindes in einem Maße, daß man das Schlimmste fürchten mußte.

Ich rief meine beiden Mitschwestern herbei. Sie wachten mit mir, und ich wollte sie nun auch in diesem heiligen Augenblick dabei haben. So standen wir zu dritt um das Bett der kleinen Ute, als ich ihr mit innerem Beben das Taufwasser auf ihre Stirne tröpfelte mit den feierlichen Worten: „Ich taufe dich im Namen des Vaters, des Sohnes und des Heiligen Geistes. Gott spricht: ‚Fürchte dich nicht, ich habe dich erlöst, ich habe dich bei deinem Namen gerufen. Du bist mein.'" Danach tat das Kind seinen letzten Atemzug.

Mancher wird denken: was war das denn schon? Eine fromme Zeremonie. Für mich war es das nicht. Man kann von Gottes großem Gnadenangebot auch mitten in der Nacht am Bett eines sterbenden Kindes überwältigt sein, denn alles ist Gnade.

Hilfe in Anfechtungen

Friedrich von Bodelschwingh, auch der Vater genannt, hat viele Briefe seelsorgerlichen Inhalts geschrieben. Seine Liebe konnte streng sein, wenn es galt, einen Schaden aufzudekken, aber auch verständnisvoll und zart, wenn ein angefochtener Mensch Trost und Zuspruch brauchte.

Aus solch einem ermutigenden Brief hier einige Zeilen:

„Was Sie anficht, liebe Freundin, ist in Sonderheit dies, daß Sie sich nicht in die Regeln und Ordnungen, die uns der Herr für die Pilgerfahrt gesetzt hat, schicken können. Der Weg zur Ewigkeit geht durch dunkle Täler, oder er ist überhaupt ein dunkles Tal nach Davids Wort aus dem 23. Psalm:

‚Ob ich schon wanderte im finsteren Tal.' Wir haben hier kein Anrecht, das zu fordern, was uns der Herr versagt hat. Sie wollen Gnade schauen, Gnade fühlen. Aber Gnade kann eben nur im Glauben festgehalten werden ohne Gefühle. Darum singt der alte Sänger: ‚Aus Gnade! Dies hört Tod und Teufel, ich schwinge meine Glaubensfahn' und geh trotz allem Zweifel durchs rote Meer nach Kanaan. Ich glaub, was Jesu Mund verspricht, ich fühl es oder fühl es nicht.'"

Meine selige Mutter sagte noch auf dem Sterbebett: „Ich muß auch das letzte Stück meiner Pilgerfahrt ohne Schauen und Fühlen im Glauben wandeln."

Wer denkt bei diesen Sätzen nicht an das Wort, das Jesus dem zweifelnden Thomas zusprach: „Selig sind, die nicht sehen und doch glauben."

Beim Nichtsehen ist auch das Nichtfühlen eingeschlossen. „Wenn ich auch gleich nichts fühle von deiner Macht, du führst mich doch zum Ziele, auch durch die Nacht."

Alles bisher Gesagte soll aber nicht heißen, ein Christ müsse seine Gefühle unterdrücken oder ausschalten. Wir sind Gottes Geschöpfe und dürfen seine Kinder sein mit Leib, Seele und Geist. Und wenn er uns mit Gefühlen der Freude und Dankbarkeit über seine Gegenwart beschenkt, dann sollen wir uns von Herzen freuen, jubeln und singen.

Und wenn uns manchmal ein Hauch seines Friedens streift, daß all unsere Aufregung und Unruhe zum Erliegen kommen und wir ganz stille werden, dann kann uns das Kraft geben für dürre Zeiten, in denen wir die Nähe Gottes nicht fühlen.

Wie gut, in allem Auf und Ab des inneren Lebens immer wieder mit dem Vater des kranken Jungen aus dem Evanglium sagen zu dürfen: „Ich glaube, Herr, hilf meinem Unglauben!"

Keine verlorene Zeit

Neunundvierzig Jahre weilte der kranke Alfred in Bethel. In Gedanken beschäftigte man sich schon mit seiner 50-Jahr-Feier. Es sollte ein fröhliches Jubiläum werden. Doch er erlebte es nicht. Unerwartet rief Gott ihn heim.

Alfred war ein besonderer Patient. Ein Mitarbeiter der Anstalt berichtete folgendes über ihn:

„Alfred besuchte mich fast jede Woche. Meistens kam er am Freitagvormittag in mein Büro, oft gerade zu einer Zeit, wo die Arbeit sehr drängte, da dieses und jenes noch unbedingt vor dem Wochenende erledigt werden mußte. Es hätte nahegelegen, über die Unterbrechung der Arbeit zu seufzen. Aber wenn Alfred mich aufsuchte, zwang ich mich, solche Gedanken erst gar nicht aufkommen zu lassen, sondern mich innerlich zu sammeln. Denn er kam Woche um Woche zu mir, um mir das Evanglium des kommenden Sonntags auswendig aufzusagen. Da saß er dann an meinem Schreibtisch mir gegenüber, und ich hörte ihn ernst und bedächtig die bekannten Texte hersagen. Er sprach fast immer ohne zu stocken. Weil er dem Fenster gegenüber saß, konnte ich dabei seine Gesichtszüge gut beobachten und las darauf seine innere Bewegung. Wenn Alfred mit dem Aufsagen fertig war, saßen wir noch einige Minuten still beieinander. Hin und wieder kam es zu einem kurzen Gespräch über den soeben vernommenen Text. Dann wünschte er mir Gottes Segen für den kommenden Sonntag, verabschiedete sich und verließ still mein Arbeitszimmer. Mir war dann aber immer zumute, als habe mich ein Gruß aus der Ewigkeit getroffen und ich fühlte mich irgendwie gestärkt und erquickt. Es wäre darum völlig verfehlt gewesen, von verlorener Zeit zu sprechen. Im Gegenteil, ich hatte hinterher oft die Empfindung, daß die Arbeit schneller und fröhlicher vonstatten ging.

Ungewollt lehrte mich Alfred, daß uns Menschen nur eins vor dem Hasten und Hetzen bewahren kann: Gottes heiliges Wort."

Und nicht nur das. Wichtig ist, daß wir es immer besser lernen, das Bibelwort in den Alltag hineinzunehmen und nicht nur Sonntagschristen zu sein. Ob uns das hilft? Aus keinem Buch können wir soviel über die Welt und die Menschen lernen wie aus der Bibel. Es ist manchmal unheimlich, mit welcher Genauigkeit sie den Menschen beschreibt. Wenn wir unser Denken an ihr schulen, wird die Welt für uns durchsichtiger. Sie gibt uns auch viele Hinweise zum richtigen Leben. Viele Aussprüche Jesu sind wie Positionslichter, sie lassen uns den rechten Weg erkennen.

Die Heilige Schrift fordert uns zum Beten auf und gibt uns damit eine große Hilfe. Wir sollten Gott im Gebet alles sagen, auch unsere Alltagsprobleme. Was man nicht bewußt aufarbeitet, sinkt ins Unterbewußtsein und prägt uns mehr, als wir denken. Viel Verbitterung, auch unter Christen, würde ausbleiben, wenn man es lernte, auch Ärger und Enttäuschung an Christus abzugeben. Er wird besser damit fertig als wir selbst.

Erinnerung an Vertriebene

Alle ersten Eindrücke sind besonders nachhaltig.

Weil ich in den ersten Wochen und Monaten meiner Tätigkeit als Gemeindeschwester täglich mit der Not der Vertriebenen aus den Ostprovinzen unseres Vaterlandes konfrontiert wurde, konnte ich diese Eindrücke auch nie vergessen.

April 1946 in Lüdenscheid. Mehr als vierzig Jahre sind seither vergangen. Viele der Menschen, die mir noch so lebendig vor Augen stehen, werden nicht mehr leben. Andere, die damals noch zu der jüngeren Generation gehörten, werden sich sicher noch ab und zu an die schweren Zeiten erinnern.

Wenn auch viel Zeit dafür nötig war, alles das zu verteilen, was damals als Spenden aus Amerika zu uns kam, wir Gemeindeschwestern waren doch unendlich dankbar, daß wir in der großen Hungersnot überhaupt etwas zum Verteilen hatten. Säcke voller Milchpulver mußten ausgewogen werden und dann kiloweise zu den Flüchtlingen hingetragen werden. Aber die Freude, die wir damit auslösten, übertraf alle Mühen.

Die Verteilung der Spenden verlief nicht immer problemlos. Es hieß aufpassen, daß dabei die Stillen und Bescheidenen nicht zu kurz kamen. Einzelne Beobachtungen tauchen noch heute bildhaft vor mir auf.

Da lag in einer Dachkammer ein alter Bauer aus Schlesien auf dem Krankenbett. Seine Frau hatte mich rufen lassen. Als er mich sah, wandte er sich zur Wand und sprach kein Wort. Ich war ratlos und ging wieder. Auf dem Flur draußen erzählte mir die Frau, daß ihr Mann mit Gott hadere. Sie hätten in Schlesien solch einen großen schönen Bauernhof gehabt. Dann schlich sie sich zurück ins Zimmer und kam mit einem gerahmten Bild zum Vorschein, das den stattlichen Hof zeigte. Ich solle es ihrem Mann nicht übel nehmen, er habe sich so verhalten, weil ich von der Kirche käme, und er wolle eben mit Gott nichts mehr zu tun haben. Mich überkam ein tiefes Mitleid mit dem Mann. Ich drückte der Frau die Hand und ging. Was aus dem alten Mann wurde? Hier verläßt mich die Erinnerung. Ich meine, er wäre damals ins Krankenhaus gekommen und bald gestorben.

Ein anderes Bild.

Man sah es dem kleinen Jungen schon von weitem an, daß er geistig behindert war. Ein Mongölchen. Er sitzt am Tisch und spielt mit Legosteinen. Seine Augen scheinen leer zu sein, von einer Seele spiegelt sich nichts darin. Wie seine Mutter sagt, hat der Junge noch nie ein Wort gesprochen. Doch jetzt geschieht zu unserem Erstaunen folgendes. Draußen scheint die Sonne. Sie scheint ins Zimmer hinein, und das Kind sitzt im vollen Sonnenschein. Jetzt hebt es sein Gesicht auf und auch seine geöffneten Händchen hebt es empor, als wolle es die Sonnenstrahlen einfangen. Es lacht dabei und strahlt über das ganze Gesicht. Ein kleiner Sonnenliebhaber, dessen Bild sich mir tief eingeprägt hat.

Wenn ich zurückdenke, stelle ich fest, daß sich die Menschen und Geschehnisse mir dann besonders tief eingeprägt haben, wenn sie irgendwie originell waren. Auch spricht da wahrscheinlich das geheime Gesetz der menschlichen Anziehungskraft mit. Manchmal spürt man schon beim ersten Kennenlernen eine innere Verwandtschaft mit dem betreffenden Menschen.

So erging es mir mit der tapferen Arztwitwe, die in unserem Pfarrbezirk in einem kleinen Zimmer Unterkommen gefunden hatte. Ich merkte bald, wie sie litt, vor allem unter dem Verlust ihres Mannes. Aber sie sprach wenig davon. „Wissen Sie", sagte sie einmal, „Sie müssen sich den ganzen Tag soviel Trauriges anhören, da will ich Ihnen lieber etwas Schönes erzählen, etwas zum Mitfreuen." Und dann berichtete sie in einer entzückenden Weise von der großen Landpraxis ihres Mannes, von knorrigen Bauern und allerlei humorvollen Situationen. Verhaltener erzählte sie von dem glücklichen Familienleben daheim, von ihrer guten Ehe:

„Mein Mann wurde nie müde, mir Freude zu machen, er war darin wirklich erfinderisch. Die Praxis befand sich im Untergeschoß, die Wohnung in der ersten Etage. Manchmal schickte er eins der Kinder herauf mit einer Blume aus dem Garten. Da stand dann so ein Dreikäsehoch feierlich in der Tür: ‚Für die Frau Doktor, ein fremder Herr läßt sie grüßen!‘" Ihr Mann war schon im zweiten Kriegsjahr einer schweren Verwundung erlegen, doch sie trauerte noch sehr um ihn. „Der Schmerz um ihn wird mich begleiten, solange ich lebe", meinte sie einmal, „und die Sorge um meine Kinder." Zum Klagen und Seufzen hätte diese Frau reichlich Anlaß gehabt. Wie kam es, daß ich trotzdem fast nach jedem Besuch bei ihr neugestärkt meine Straße weiterzog?

Hier war ein Mensch, der in der Kraft des Glaubens seiner Bitterkeit und Traurigkeit immer wieder Herr wurde, sich nicht unterkriegen ließ und sich sogar einen Blick für die kleinen Freuden des Alltags bewahrt hatte.

Einmal sagte sie zu mir: „Wenn man nichts mehr besitzt, lernt man sich an Dingen freuen, die uns allen gehören: Die Sonne, die Luft, die Vögel, die Bäume und der Wald und vieles andere."

Besuche in der Südstraße

Als ich im Frühjahr 1946 in Lüdenscheid meinen Dienst als Gemeindeschwester begann, lernte ich gleich in den ersten Tagen Herrn Bitzhenner kennen. Er war, wie man so sagt, ein Pflegefall, der täglich betreut werden mußte.

Das kinderlose Ehepaar wohnte in der Südstraße. Durch vier Jahre hindurch war Herr Bitzhenner an jedem Vormittag, außer sonntags, der erste Kranke, den ich zusammen mit seiner Frau, die mir half, wusch und bettete. Eine schlimme Diabetis hatte diesen Mann des Augenlichtes beraubt, und auch eine Beinamputation machte ihm zu schaffen. Als Konditormeister hatte er vor seiner Erkrankung ein eigenes Geschäft geführt und auch ein großes Haus erwerben können, in dem nun außer dem Besitzer noch verschiedene Mieter wohnten.

Was mir gleich auffiel, war die innige Verbundenheit der Eheleute. Die Frau, eine kleine, zarte Person, versetzte mich immer neu ins Erstaunen über ihre hingebungsvolle Pflege und auch über die Art, wie sie versuchte, ihrem Mann das schwere Los tragen zu helfen und es ihm zu erleichtern. Da der Mann regen Geistes war, litt er besonders unter seiner Blindheit. Sie las ihm vor, so oft es ihre Zeit erlaubte. Auch ich fand bald heraus, daß es den Kranken besonders freute, wenn ich ihm etwas „von draußen" erzählte. „Dann habe ich wieder was zum Nachdenken", sagte er manchmal. Ehe ich fortging, las ich ihm die Losung der Brüdergemeinde oder sonst ein Bibelwort vor und sprach ein kurzes Gebet. In der Gegenwart dieser beiden Menschen fiel mir das leicht, ja, ich merkte, daß sie darauf warteten.

Herr Bitzhenner hörte gern etwas Fröhliches. Er hatte Sinn für Humor, konnte herzlich lachen und freute sich, wenn ich ihm eine kleine Anekdote erzählte. Das führte dazu, daß ich ihm ab und zu, wenn ich ein wenig Zeit erübrigen konnte, aus einem Buch vorlas. Die Tiergeschichten von Manfred Kyber fand ich dafür besonders geeignet. Sie waren kurz und spannend und lösten Heiterkeit bei ihm aus. Später erwähnte er noch manchmal den Balduin Brumsel oder die Emilie Schlapperfuß. „Das waren Leckerbissen für mich", konnte er dann wohl sagen.

Wenn ich heute an die Jahre dieser Pflege zurückdenke, wundere ich mich noch mehr über die Zufriedenheit und Ausgeglichenheit des kranken Mannes als damals. Er hat ganz sicher unter seinem schweren Los bitterlich gelitten, aber ich kann mich nicht erinnern, ihn jemals klagen gehört zu haben.

Trübe Erinnerungen habe ich an den Hungerwinter 1946–47. Wie auch meine anderen Pflegebefohlenen litten auch Bitzhenners am schlimmsten unter der Kälte. Sie, die doch nicht zu den Armen gehörten, hatten zeitweise überhaupt nichts mehr zum Heizen.

Das Bett des Kranken war schon aus dem Schlafzimmer in die Küche transportiert worden. Frau Bitzhenner hatte eine warme Jacke ihres Mannes an, als sie mir morgens die Tür öffnete. Es war zum Weinen. Da es vielen Leuten in der Stadt so erging, hatte der Gemeindepastor die Kleinen im Kindergottesdienst gebeten, ob sie statt der Kollekte wohl einen Brikett mitnehmen dürften. Ab diesem Sonntag stand im Altarraum ein Korb, in den einige Kinder die in Zeitungspapier eingewickelte „Kollekte" hineinwarfen.

Wir beiden Gemeindeschwestern an der Christuskirche füllten die Briketts in mitgebrachte Taschen und nahmen sie im Anschluß an den Kindergottesdienst mit nach Hause.

Alle Veranstaltungen fanden damals im Gemeindehaus statt, weil die große Kirche nicht warm zu bekommen war.

In der Woche trugen wir das Brennmaterial dann zu den Notleidenden. Bei Bitzhenners schüttete ich es heimlich in den Kohlenkasten, nachdem ich gesehen hatte, daß der Frau bei meinem Tun die Augen voller Tränen standen.

In jenen schlimmen Wintermonaten machte ich unter anderem einen Besuch bei einer Familie, die auch in der Südstraße wohnte. Der Mann erzählte mir, daß er im Herbst Baumstämme gerodet hätte und sie von daher keinen Mangel an Brennmaterial hätten. Da hielt es mich nicht länger, ich erzählte von der Not bei Bitzhenners und fragte, ob er da nicht ein wenig helfen könnte.

Am nächsten Morgen öffnete mir eine strahlende Frau Bitzhenner die Wohnungstür: „Schwester Marie, denken Sie nur, in der vergangenen Nacht hat uns ein Engel einen ganzen Sack Holz gebracht!"

Ich ließ sie dabei und freute mich im stillen, daß meine Bitte gehört worden war.

An die letzte Lebenszeit des Kranken habe ich keine deutliche Erinnerungen mehr, wohl aber noch an manche Gespräche mit seiner Frau nach seinem Tode. Frau Bitzhenner trauerte sehr um ihren Mann. Sie betonte immer wieder, daß sie durch all die Jahrzehnte glücklich miteinander gewesen seien. Doch durch die Trauer dieser Frau zog sich ein ungewohnter Klang. Ich höre sie noch sagen: „Ich bin ja so froh, daß mein Mann im festen Glauben an Jesus Christus gestorben ist. Wir haben in den letzten Wochen mehr über Glaubensdinge gesprochen als in unserem ganzen Leben. Ich bin davon überzeugt, mein Mann konnte darum so ruhig sterben, weil er wußte: Jesus hat mich angenommen." Und dann fuhr sie fort:

„Und von mir weiß ich es auch, daß er mich angenommen hat."

Mir war nach diesem Gespräch, als ob ich träumte; ich konnte nur staunen über das geheimnisvolle Wirken des Heiligen Geistes. Ich habe dann, solange ich in der Gemeinde war, Frau Bitzhenner hin und wieder besucht. Sie lebte im Worte Gottes und war mit ihren siebzig Jahren in geistlichen Dingen lernbegierig wie ein Kind. Fast immer hatte sie für den Tag meines Besuches schon einige Bibelstellen auf ein Blatt Papier geschrieben und fragte mich nun nach der Bedeutung dieser Stellen.

In meiner Erinnerung gehören diese stillen Gespräche über der offenen Bibel zu meinem schönsten Erfahrungen während meiner Dienstzeit. Mich umfing das Gefühl, mehr zu nehmen als zu geben; denn aus dem Gesicht und dem ganzen Wesen dieser Frau strahlte etwas heraus von dem neuen Leben, das ihr geschenkt war. Sie war eine Heimgekehrte, eine Wiedergeborene, deren Freude ansteckend war. Ich weiß noch, daß ich öfter mit inneren Belastungen zu ihr ging und daß mir auf dem Heimweg zum Singen zumute war.

Erfahrungen solcher Art bleiben unvergessen.

Wie ein Baum, gepflanzt an den Wasserbächen

Wenn ich an die Menschen denke, durch die ich im Leben gesegnet worden bin, steht mir eine Frau aus meiner Heimatgemeinde vor Augen. Johanna B., wir nannten sie Hannchen, war chronisch krank und durch viele Jahre hindurch bettlägrig.

Ich habe sie oft besucht, aber nie ein Wort der Klage aus ihrem Munde gehört. Sie verglich sich nie mit den Gesunden, und Bitterkeit hatte in ihrem Leben keinen Raum. Daß sie nicht immer ein Ja zu ihrem Kranksein gehabt und im Anfang gegen Gott rebelliert hätte, ließ sie gelegentlich durchblicken.

Hannchen war schon in jungen Jahren zum lebendigen Glauben gekommen. Einzelheiten weiß ich darüber nicht. Ich kann mich nicht erinnern, daß sie davon sprach. Eins aber wurde schnell deutlich, wenn man sie näher kennenlernte: In der Stille ihres Krankenzimmers war sie herangereift zu einer wahren christlichen Persönlichkeit. Was mir immer wieder auffiel, war ihr tiefes Verwurzeltsein im Worte

Gottes. Auf einem Holzbänkchen neben ihrem Bett lagen neben Bibel und Gesangbuch auch immer Auslegungen biblischer Texte, Andachts- und Predigtbücher. Kam man zu ihr und fragte sie nach ihrem Ergehen, gab sie darüber in zwei oder drei Sätzen eine ehrliche Antwort, dann aber konnte sie sagen: „Aber dabei wollen wir uns jetzt nicht aufhalten." Und schon war sie bei ihrem Thema, der Liebe und Treue ihres Herrn. Dabei strahlte sie vor Freude, und der Besucher empfand den stillen Frieden, der über diesem Krankenzimmer lag.

Was ich damals schon spürte, ist mir in der Erinnerung an sie noch viel deutlicher bewußt geworden: Ihr größter Wunsch war es, Jesus Christus groß zu machen, ihn zu verherrlichen. Ihr Sprechen von ihm war ein Rühmen seines Namens.

Es hat bei meinen Besuchen bei ihr Augenblicke gegeben, in denen ich dachte, sie ginge über meine Probleme zu schnell hinweg, um zu Ihm zurückzukehren, von dem sie die Hilfe erwartete. Heute weiß ich, daß sie über lange Zeit die ihr anvertrauten Nöte fürbittend vor Gott brachte. Hannchen hat an vielen Menschen Seelsorge geübt. Im Laufe der Jahre ist mancher mit einem schweren Herzen zu ihr gekommen und erleichtert wieder fortgegangen.

Auch mir hat sie einmal auf eine Weise geholfen, für die ich ihr heute noch dankbar bin. In einer Freizeit hatten mich die Bibelarbeiten tief beeindruckt. Noch nie war mir Jesus so groß und herrlich erschienen. Ihm wollte ich gehören. Er sollte hinfort mein Herr sein.

Einige Monate später kamen mir Zweifel und Bedenken: War das bei mir ein echter Glaubensanfang gewesen? Hatte ich nicht alles zu leicht genommen? Fehlte es mir nicht an Sündenerkenntnis? In der Tat, daran fehlte es mir, ich hatte keine Reue gezeigt, keine wirkliche Buße getan. Eines Tages ging ich zu Hannchen, überwand meine Scheu und erzählte ihr von meinen Zweifeln und Bedenken.

Sie hörte sich meine selbstquälerischen Gedanken geduldig an. Ich spürte, daß sie mich ernst nahm, aber dann sah sie mich lieb an und sagte nur: „Weißt du, was du tun mußt? Du mußt von jetzt an jeden Tag um den Heiligen Geist beten. Wenn auch nicht von einem Tag auf den anderen, aber so langsam kommt dann auch bei dir alles in Ordnung." Ich war damals sechzehn Jahre alt und habe diesen Rat befolgt, und es kam alles in Ordnung. Nach gar nicht so langer Zeit erkannte ich eine ganz konkrete Sünde in meinem Leben. Im Laufe der Zeit wurde mir bewußt, daß auch die, die in ihrem Leben vor groben Sünden bewahrt blieben, doch Jesus, den Sünderheiland nötig haben.

Im Februar 1964 ist Johanna B. heimgegangen zu ihrem Herrn.

Über ihrer Todesanzeige stand das Wort: Ich will singen von der Gnade des Herrn ewiglich und seine Wahrheit verkündigen mit meinem Munde für und für (Psalm 89,2).

Wir lasen das Wort als ihr letztes Bekenntnis. Sie war wirklich eine Lobsängerin der Gnade Gottes und wie ein Baum, gepflanzt an den Wasserbächen, der seine Frucht bringt zu seiner Zeit.

Bei der Beerdigung nannte auch der Gemeindepfarrer sie seine Seelsorgerin und sprach in bewegten Worten von ihr. Er dankte ihr über das Grab hinaus für ihren treuen Gebetsdienst.

Helle und dunkle Tage

Helle und dunkle Tage lösen einander ab. Diese allgemeine Lebenserfahrung machte auch ich in meinen Dienstjahren. Überall gab es Erfreuliches und Betrübliches.

Am Beispiel meiner Arbeit in der Pflegevorschule will ich das ein wenig näher erläutern. Wir fingen mit einer kleineren Zahl an, aber bereits nach wenigen Jahren lebten und lernten ungefähr dreißig junge Mädchen im Alter von 14–18 Jahren in unserem Haus. In den ersten beiden Jahren wurden sie in einer Familie, in der Berufsschule und im Haus ausgebildet. Im dritten Jahr arbeiteten sie vormittags im Krankenhaus und erhielten nachmittags in der Schule Unterricht.

Unser Winnebrockhaus, so genannt, weil es in der Winnebrockstraße lag, war ein lebendiges Haus. Wenn die Mädchen das erste Heimweh überwunden hatten, blühte der Frohsinn auf. Es wurde gern gescherzt und gelacht. Die Schülerinnen hatten untereinander ein gutes Verhältnis. Ich freute mich immer, wenn sie von „unserer Winnebrockfamilie" sprachen.

Unvergeßliche Erinnerungen an einzelne Erlebnisse tauchen in mir auf. An einem bestimmten Platz auf einer Lichtung des nahen Waldes durften wir unser Lagerfeuer entzünden. Wir brauchten das Feuer zum Würstchenbraten. An manchen schönen Sommerabenden haben wir dort zu Abend gespeist. Erst mußte trockenes Holz gesucht werden. Wenn dann das Feuer brannte, wurden lange Stöcke angespitzt, die Wurst draufgesteckt, und die Braterei konnte beginnen.

Die mitgebrachten Brote und Getränke wurden verteilt,

und jedermann tat sich gütlich. Singend kehrten wir heim. Als letztes Lied sangen wir meistens: Der Mond ist aufgegangen.

Manchmal entschlossen wir uns, in der Weihnachtszeit im Wald eine schneebedeckte Tanne mit Kerzen zu schmücken. Das war zwar romantisch, aber mühsam. In einem Jahr blies der Wind uns die Kerzen immer wieder aus, bis sämtliche Streichhölzer verbraucht waren. Doch der guten Stimmung tat das keinen Abbruch. „Wie gut, daß wenigstens der Mond scheint", meinte eine.

Eine andere Erinnerung wird lebendig: Eine Abordnung der Schülerinnen steht vor meiner Zimmertür. Alle hätten sie einen ganz großen Wunsch, den zu erfüllen sie mich inständig bäten. Ich sollte erst ja sagen, dann wollten sie mir ihren Wunsch offenbaren.

Auf diesen Kuhhandel ließ ich mich natürlich nicht ein, und sie rückten dann auch schnell mit ihrem Anliegen heraus.

Sie möchten sich gern mit Hilfe der Theaterkiste auf dem Dachboden verkleiden, und dann in den neuen Kleidern durch die Stadt marschieren. Na, wenn es weiter nichts ist! Was konnte da schon passieren?

Wie die Wilden stoben die Mädchen davon.

Nach einer halben Stunde etwa formierten sie sich zum Abzug, nicht ohne meine Bewunderung herauszufordern: „Trage ich nicht einen schicken Hut?"

„Bin ich nicht fantastisch angezogen?"

„Ja, ja, ihr seht wunderbar aus, und nun macht, daß ihr wegkommt!"

Nach einer Stunde kam die Gesellschaft zurück, laut und lustig, aber doch etwas enttäuscht. Ich merkte es gleich.

„Nanu, hat es nicht so richtig geklappt?"

Da ließen sie die Katze aus dem Sack: „Ach, die Straßen waren so leer, es hat uns ja kaum jemand gesehen."

Was nützt die schönste Theateraufführung, wenn das Publikum fehlt! Ich hätte es meinen Komödianten gern besorgt, wenn ich es gekonnt hätte.

So gingen die ersten Jahre in der Pflegevorschule dahin. Gewiß, es gab auch Probleme, aber die hielten sich in Grenzen. Es gab viele gute Gespräche, die meisten so ganz am Rande. So nebenbei kamen die jungen Menschen mit ihren Fragen hervor, und wir diskutierten in großer Offenheit. Es waren für mich reiche, erfüllte Jahre.

Und dann wurde in einem Jahr auf einmal alles anders. Nein, so darf ich es nicht sagen, nicht alles änderte sich, aber es fiel ein dunkler Schatten auf unser Haus, der sich immer wieder bemerkbar machte und uns die Freude trübte.

Nach den Osterferien hatten wir eine Reihe neuer Schülerinnen begrüßen können. Erst lief alles wie gewohnt. Doch nach einiger Zeit wurde mir der erste Diebstahl gemeldet. Die stille Erika, ein äußerst zuverlässiges Mädchen, sagte, daß ihr zehn Mark aus der Geldbörse entwendet worden seien.

Was tut man dann als Leiterin? Man hofft zuversichtlich auf eine Aufklärung und versucht, die Sache nicht zu dramatisieren.

Aber wir kamen nicht mehr zur Ruhe. Heute fand eine Schülerin ihre Perlenkette nicht mehr wieder. Vierzehn Tage später vermißte eine andere ein neues Wäschestück oder eine Armbanduhr. Nun ging es nicht mehr ohne öffentliche Befragungen. Ich machte den Vorschlag: „Wenn diejenige, die es getan hat, sich jetzt meldet, werden wir einen Strich unter die ganze Sache ziehen und nicht mehr davon reden."

Der Vorschlag sollte das Bekennen erleichtern. Doch nichts geschieht. Alle Augenpaare sind auf mich gerichtet. Alle sehen sie mich unschuldig an. Ich kann es niemandem zutrauen, und doch ist es eine gewesen. Eine unter diesen liebenswerten jungen Menschen ist eine Diebin.

Es war ein schrecklicher Zustand. Ein Fall von Kleptomanie? Wie kommt es bei einem Menschen zu dieser krankhaften Erscheinung? Fragen, die mich Tag und Nacht umtrieben.

Ich entdecke an mir selbst, daß ich nicht die geringste Begabung zur Detektivin habe. Kriminalistik will wohl aber auch gelernt sein. Ich bin sehr unglücklich über das alles und mache auch manchen Fehler. Der schlimmste steht mir aber noch bevor. Durch merkwürdige Umstände, die ich hier nicht im einzelnen schildern kann, gerät eine Schülerin in den Verdacht des Diebstahls. Wir sprechen mit ihr. Sie beteuert ihre Unschuld. Aber da sind diese Verdachtsmomente. Wir besprechen die Sache wiederholt im Vorstand der Schule und lassen sie letzten Endes doch gehen.

Schon nach einigen Wochen stellte sich heraus, daß sie es nicht gewesen sein konnte, denn die Stehlerei ging weiter.

Doch da war die Erhörung der vielen Gebete, die in dieser Sache zu Gott aufgestiegen waren, auch schon ganz nahe. Die Diebin wurde auf frischer Tat ertappt und gab alles zu.

Was mag aus dem so schwer belasteten jungen Menschenkind geworden sein? Ich habe später noch oft an sie denken müssen.

Das junge Mädchen, dem wir Unrecht getan hatten, hat es uns vergeben. Sie hatte in Bethel eine gute Stelle gefunden. Ich bin gleich am nächsten Tag, nachdem alles aufgeklärt war, zu ihr gefahren und habe ihr berichtet.

Ob ich aus dieser unseligen Sache auch etwas gelernt habe?

Ja, dieses: Die Sünde macht einsam, sie isoliert, sie raubt dem Menschen die Freude und den Frieden. Die Bibel hat recht: Die Sünde ist der Leute Verderben.

Innere Begleitung

Für mich war es ein Geschenk, ein paar Mal junge Menschen über Jahre hinaus innerlich auf ihrem Wege begleiten zu dürfen. Da war Herta, ein Kind der Gemeinde, in der ich tätig war. Die Krankenpflegeausbildung lag schon hinter ihr, als sie der Ruf in die Mission traf. Jahre der Zurüstung folgten. Zwei Jahre lang Besuch einer Bibelschule und dann in einer Landes-Frauenklinik Ausbildung zur Hebamme. Wenn sie nach Hause kam, kehrte sie meistens auch bei mir ein, ansonsten wechselten wir Briefe. So blieb ich auf dem laufenden, auch später während ihrer siebenjährigen Missionsarbeit in Tansania.

Vor ihrer ersten Ausreise verbrachte Herta ein halbes Jahr in England, ihre Zeit war gefüllt mit Sprachstudium und zeitweiliger Arbeit in einem Hospital. Ich durfte sie in London besuchen. Sie konnte sich ein paar Tage frei nehmen und mir die Stadt zeigen. Das war ein schönes Erlebnis.

Im Hospital hatte sie eine englische, gut deutsch sprechende Lady kennengelernt. Sie bot uns ihre Gastfreundschaft an, die wir dankbar annahmen.

Die Dame war eine Quäkerin. Ich wurde liebevoll von ihr versorgt, und am Sonntag nahm sie mich mit in ihre Versammlung. Ich freute mich auf die Veranstaltung. Während des 1. Weltkrieges hatten wir in der Schule die ‚Quäkerspeisung‘ sehr geschätzt. Vor allem mundete uns die Schokoladensuppe. Der dicke Bohnenbrei war weniger gefragt. Nun würde ich gleich diese edlen Menschenfreunde näher kennenlernen. Zuerst schien das Ganze auf eine Enttäuschung hinauszulaufen. In einem kleinen Saal versammelten sich ungefähr zwanzig Pesonen – und schwiegen. Wir setzten uns stumm dazu und schwiegen auch. Nach etwa einer halben Stunde grüßten einige der Anwesenden die Versammelten mit einem Bibelspruch oder sagten ein Wort der Ermutigung. Ich verstand davon wenig. Danach wurde wieder geschwiegen. Zum Schluß betete noch einer der Männer, und dann gingen wir auseinander. Ich machte dabei eine persönliche Erfahrung: Zuerst irritierte mich das Schweigen, es machte mich unruhig. Doch dann fiel mir ein, daß mir hier ja eine wunderbare Möglichkeit zum stillen Gebet gegeben war. Ich nützte die Gelegenheit und stellte fest, daß die zweite Hälfte der Stunde viel schneller vergangen war, fast zu schnell.

Das Erlebnis regte mich zur näheren Information über die Quäker an, aber auch zum Nachdenken über Gottesdienstformen.

Die Wortverkündigung sollte nicht fehlen. Aber ob wir das Schweigen nicht viel mehr üben sollten?

Arme, die andere reich machten

Wenn Bedürftige schenken, so ist fast immer ihr Herz dabei beteiligt. Aus dem Überfluß zu geben, ist leicht, wer aber selber Mangel leidet, hat es schwer, vom Eigenen dem anderen etwas mitzuteilen.

Hier soll es nicht um materielle Güter gehen, nicht um Arme im sozialen Bereich, sondern um Menschen, die den dauernden Mangel an Gesundheit ertragen müssen, die krank sind oder körperliche oder geistige Behinderungen erleiden müssen.

Ich möchte von Bethel erzählen. Dort habe ich es erlebt,

wie die Kranken uns Gesunden in vielfacher Hinsicht beschenkten.

In der Anstalt Bethel haben wir es ja vorwiegend mit Anfallskranken zu tun. Als ich bei meinem Eintritt diese Einrichtung näher kennenlernte, gab es noch viel Elend unter den Patienten. Den Fortschritten der Medizin ist es zu verdanken, daß die körperlichen und geistigen Verfallserscheinungen weithin eingedämmt werden konnten. Damals waren die Besucher der Häuser in Bethel oft sehr bewegt und erschrocken über die Krankheitsnot, die sie zu sehen bekamen.

Auch die Schwestern und Helferinnen, die neu in die Arbeit kamen, standen häufig erst hilflos vor den Kranken, weil sie meinten, es sei keine Kommunikation mit ihnen möglich.

Doch schon bald wurden sie eines Besseren belehrt. Sie merkten: Hier geht es um Menschen, die auf Liebe angewiesen sind, die aber auch Liebe verschenken wollen und können.

Als Beispiel eine Geschichte aus dem Hause Siloah:

Eine Schwester feierte Geburtstag. Jeder der kranken Frauen auf ihrer Station wollte dem Geburtstagskind etwas Liebes tun. Auch die sehr behinderte Elke hatte diesen Wunsch. Da sie sich kaum noch bewegen konnte, mußte sie angezogen werden. An diesem Morgen strengte sie sich ungeheuer an, um selber einen Fuß zu heben. Als es ihr gelang, sagte sie strahlend: „Schwester, ich habe heute selber den Fuß gehoben, damit du dich nicht so bücken mußt. Das schenke ich dir zum Geburtstag."

Die Hausmutter von Patmos erzählte mir folgendes: „Ich hatte einen schweren Tag. Es gab im Haus allerlei Sorgen und Probleme. Eilig gehe ich durch einen Raum, in dem sich die kranken Kinder aufhalten. Ein Mädchen sitzt auf einem

Schemelchen und trällert vor sich hin. Ohne mir etwas dabei zu denken, streiche ich ihm übers Köpfchen. Da sieht mich das Kind so strahlend-glücklich an, daß ich ganz überwältigt bin. Und sonderbar, meine Sorgen waren wie weggeblasen. Solch großen Einfluß können unsere Kinder haben."

Patmos war das Haus, in dem Pastor Fritz von Bodelschwingh sich besonders gern aufhielt. Dort hatten die kränksten und schwächsten Kinder ihre Heimat gefunden. Durch Jahre hindurch hat Pastor Fritz immer wieder mal von seinem Freund und Missionshelfer, dem Fritzchen, berichtet. In seinem körperlichen Wachstum war dieser Junge völlig zurückgeblieben, er hatte das Gewicht eines Zweijährigen, seine Seele aber war wach. Er konnte liebhaben und sich freuen. Immer stand eine Dankopferbüchse an seinem Bett. Jeder Besucher, der an sein Bett trat, wurde ohne Worte um eine Gabe für die Mission gebeten. Zu Weihnachten übergab er das gesammelte Geld dann seinem väterlichen Freund.

Mir fiel ein alter Bericht von Pastor Fritz in die Hände. Daraus einige Sätze:

„Der kleine Fritz liegt still und matt in seinem Bett, aber er hört alles, und sein Herz ist ganz bei der Sache. Nun kommt der Augenblick, auf den er vor allem gewartet hat. Auf einen Tisch neben seinem Bett stellt man einen kleinen Tannenbaum, an dem hängen lauter winzige Briefe aus Silberpapier. Die Augen des Kleinen bekommen einen neuen Glanz, und über sein blasses Gesicht fliegt ein roter Schein. Er weiß, in den kleinen Briefen steckt das Geld, das er mir geben will. 34 Mark sind es geworden. Nun wird ein Gedicht vorgelesen, das das Geschenk erklärt. Fritzchen aber ist der glücklichste Mensch im ganzen Saal. Alles, was er selber bekommt durch die Liebe seiner Freunde von nah und fern, erfüllt sein Herz nicht halb so sehr wie die Gabe, die er bringen kann. Er möchte mir etwas sagen und kann es fast nicht herausbringen. Schließlich verstehe ich, was er meint. ‚Damit‘, so flüstert er, ‚kannst – du nach – Afrika – fahren.‘ Er hatte offenbar die Vorstellung, daß ich den Baum mit seinen Schätzen unmittelbar nach Afrika hinübertragen würde, um den Heidenkindern damit Licht und Freude zu bringen. Die Liebe des kleinen Mannes kennt keine Entfernungen. Wie weit ist er darin vielen großen und gesunden Leuten überlegen! Wie schwierig erscheint uns oft die Erfüllung des Abschiedsbefehls unseres Heilandes: Gehet hin in alle Welt! Im Blick auf den schwarzen Erdteil klingt es in mir wie eine Verheißung: Damit kannst du nach Afrika fahren.“

Ich erinnere mich an eine andere Weihnachtsfeier im Hause Patmos. Mitten in das Programm hinein ein gellender Schrei. Ein Kind bekam einen Anfall. Es wurde hinausgetragen, das Weihnachtsprogramm fortgesetzt. Eine helle Mädchenstimme sagte laut und deutlich: „Es wird nicht dunkel bleiben über denen, die in Angst sind.“

Und nun zu diesem Thema noch den Bericht unserer lieben Renate Axenfeld, die Gott schon heimrief in seine ewige Herrlichkeit. Unter der Überschrift: „Beschenkte schenken“ schrieb sie:

„Ich habe im letzten Jahr die Wahrheit des Wortes Jesu erlebt: ‚Ich preise dich, Vater und Herr des Himmels und der Erde, daß du solches den Weisen und Klugen verborgen hast und hast es den Unmündigen offenbart‘ (Matthäus 11,25). Ich war zu der Weihnachtsfeier eingeladen, die die Frauenhilfe in V. den Kranken ihrer Anstalt bereitet. Im festlich geschmückten Saal saßen sie an den Kaffeetischen, die Näherinnen, die Korbmacher, alles Kranke. Jeder hatte sein bestes Gewand an. Es wurde gesungen. Die Korbmacher bliesen auf ihrer Mundharmonika. Es wurde Kuchen gefuttert. Ich habe selten solche Freude der Gemeinschaft erlebt. Der Pfarrer sprach schlicht, jeder konnte es verstehen: ‚Weil Gott uns lieb hat, darum hat er uns seinen Sohn geschickt. Das ist unser Weihnachtsgeschenk. Darum freuen wir uns.' Sie sangen: ‚O du fröhliche, o du selige, gnadenbringende Weihnachtszeit . . .' Alle Verse konnten sie auswendig. Es klang wie Jubel auf: ‚Welt ging verloren, Christ ist geboren, freue dich, o Christenheit.' Die Augen der Kranken leuchteten. Es war Freude und Frieden unter uns.

Beschenkte wollen schenken. Eine Schwester schob den Rollstuhl mit einem spastisch gelähmten Mädchen durch den Saal. Mit strahlenden Augen überreichte dieses Mädchen der Pfarrfrau ein Paket. Die packte es aus und hielt einen großen, goldgelben Schal in den Händen, an dem die Kranke ein ganzes Jahr gearbeitet hatte; nicht ein Fehler im Muster. Die Pfarrfrau war überwältigt von dieser Gabe und umarmte die Kranke liebevoll. Das Glück, geschenkt, erfreut zu haben, lag auf dem Gesicht des kranken Mädchens.

Tief bewegt fuhr ich heim. Ich hatte etwas davon erlebt: ‚Er ist auf Erden kommen arm, daß er unser sich erbarm.'

Ich wünsche den jungen Menschen, die sich am Sinn des Weihnachtsfestes müde diskutieren, daß sie an einer so spürbaren Freude, wie ich sie unter Kranken und Schwachen und ihren Betreuern erlebte, teilnehmen dürfen. Sie würden etwas von der Liebe erfahren, die uns geschenkt ist, aus der heraus wir schenken."

Liebe zu Bäumen

Als Kind habe ich viel unter Bäumen gespielt, aber entdeckt habe ich sie erst viel später.

Auf unserm Hof stand ein großer Kastanienbaum mit weit ausladenden Ästen. In unsern „Stuben", in denen wir das tägliche Leben der Erwachsenen nachahmten, spielten Blätter, Blüten und Früchte des Baumes eine wesentliche Rolle. Das dichte Blätterdach bot uns Schutz vor Sonne und Regen.

Die alte Kastanie, der Baum meiner Kindheit, ist schon lange gefällt. Andere Bäume sind in mein Gesichtsfeld gekommen. Mehr und mehr habe ich gelernt, nach ihnen zu sehen, über sie nachzudenken und sie liebzuhaben.

Wir Menschen haben vieles mit den Bäumen gemeinsam. Die Vielfalt zum Beispiel. Auch unter den knorrigen Eichen, den schlanken Pappeln, den luftigen Birken gibt es nicht zwei ganz gleich Exemplare. Jeder Baum ist einmalig, hat seine eigene Struktur wie wir Menschen auch.

Manche Bäume werden sehr alt. In Jahrzehnten sind sie ruhig und stetig gewachsen und haben einen ausgeprägten Charakter bekommen, unverwechselbar mit anderen. Unwetter sind an ihnen nicht spurlos vorbeigegangen, das sieht man ihnen an, aber sie sind nicht darunter zerbrochen. Warum nicht? Weil ihre Wurzeln sich weiterverästelt und tief eingegraben haben.

Das spricht mich an. So möchte auch ich wachsen, festgegründet sein, um in den Wechselfällen des Lebens einen Halt zu haben.

Von meinen Freunden, den Bäumen, will ich mich fragen lassen: Ist mein Vertrauen in Gottes Liebe fest eingewurzelt?

Darf ich mir das Wort des Propheten Jeremia zu eigen machen:

Gesegnet ist der Mensch, der sich auf den Herrn verläßt
und ihm sein ganzes Vertrauen schenkt.
Der ist wie ein Baum, am Wasser gepflanzt.
Seine Wurzeln haben Nahrung,
auch wenn die Hitze kommt,
fürchtet er sich nicht, seine Blätter bleiben grün,
auch wenn ein dürres Jahr kommt (nach Jeremia 17,7.8).

Die Bäume reden vom Wachsen, Reifen und Fruchtbringen,
sie reden aber auch vom Welken und Vergehen. Sie haben
auch nur ihre Zeit, so wie alles in dieser Welt seine Zeit hat.
Auch wir Menschen.

„Herr, lehre uns bedenken, daß wir sterben müssen, auf
daß wir klug werden."

Humor und praktizierte Freude

Das Leben hat mich gelehrt, den Humor als eine besondere
Gottesgabe anzusehen. Auch im Zusammenleben von Christen kann man ihn nicht zu hoch einschätzen. Er wirkt entspannend und macht schwere Aufgaben leichter. Humor hat
mit Weisheit zu tun. Das zeigt der Hofnarr des Mittelalters,
der dem Fürsten auch unangenehme Dinge sagen durfte.

Ein Chinese sagt: „Eine sichere Probe auf den Humor
eines Menschen liegt darin, ob er böse wird, wenn man ihn
des Mangels an Humor anklagt." Es stimmt: humorvolle
Leute sind in der Regel keine empfindlichen Menschen. Mit
Humor lassen sie sich etwas sagen.

Freilich kann der Humor, wie vieles, was den Menschen über bloße Natur erhebt, auch erkranken. Ein Kriterium: Echter Humor hilft; er verletzt die Liebe nicht, und er kann die eigenen Schwächen eingestehen. Ein humorvolles Wort im rechten Augenblick kann zur Beruhigung der Gemüter und zur Entschärfung eines Konfliktes beitragen.

Ein gutes Beispiel eines in diesem Sinne echten Humors bringt Bischof Hanns Lilje in seinen „Erinnerungen". „Die spätere Königin der Niederlande Juliane war als Studentin in der christlichen Studentenbewegung tätig. Bei einer der Konferenzen wurde sie von einer Kommilitonin ziemlich unverhohlen auf ihre zu kräftigen Beine angesprochen. Die gelassene Antwort war: ‚Du darfst nicht vergessen, daß darauf die Verantwortung für 8 Millionen liegt.'"

Humorbegabte Leute gibt es in allen Gesellschaftsschichten bei jung und alt, bei arm und reich. Sinn für Humor hängt mit der Veranlagung des Menschen zusammen, viele Menschen haben diesen Sinn, sie lachen gern und begreifen schnell humorvolle Situationen.

Menschen mit einem echten Mutterwitz, mit einer ausgesprochen humoristischen Begabung findet man seltener. Mir steht da Pastor Meyer, unser früherer Mutterhaus-Direktor vor Augen. In seinen Stunden in den diakonischen Kursen mußten wir Schwestern oft laut auflachen bei seinen trockenen Bemerkungen. In vielen Fällen gab es als Reaktion auch nur ein leises Schmunzeln. Zum Beispiel, als er an einem kalten Wintermorgen beim Eintritt in den warmen Raum seine Finger rieb und dabei murmelte: „Es ist schon schlimm, wenn ein Pastor kein Fingerspitzengefühl hat." Oder er sagte: „Da hat es schon wieder einen Bankkrach gegeben. Ich sah eben zwei Leute auf einer Bank sitzen und sich streiten." Helmut Thielicke sprach einmal von der eschatologischen Dimension des christlichen Humors. Er selber war ein fröhlicher Christ.

Seine Freude erwuchs aus dem Glauben an den auferstandenen Christus. Sie war ein „Osterlachen". (Die frühen Christen pflegten durch lautes Lachen im Gottesdienst ihrer Freude Ausdruck zu geben.) Thielicke meinte, uns heutigen Christen wäre das befreiende Lachen weithin verloren gegangen über dem vielen Diskutieren. Wir sollten uns wirklich fragen: Ist bei uns noch die Freude zu spüren, die wir in und durch Christus haben? Können wir noch mit Paul Gerhardt singen: „Die Welt ist mir ein Lachen mit ihrem großen Zorn"? Und wie praktizieren wir die Freude? Gibt es in unseren Gemeinden noch Stunden, in denen man sich freut und miteinander lacht?

Im Rückblick auf meine Gemeinde- und Jugendarbeit bin ich froh und dankbar, von solchen Stunden berichten zu können. Wir haben viele Freizeiten durchgeführt. Einige gemeinsame Tage „irgendwo anders" mit einem Frauenkreis, einer Jugendgruppe oder mit den Kindern der Jungschar erforderten viel Vorbereitung, brachten aber auch ein besonderes Erleben mit sich.

Am meisten schätzte ich die Gemeindefreizeiten, an denen Alte und Junge, Männer und Frauen teilnahmen. Sie dauerten in der Regel nur zwei Tage, begann am Freitagabend und endeten am Sonntagabend. Vom Generationskonflikt war in diesen Freizeiten nichts zu spüren. So selbstverständlich wie die Bibelgespräche gehörten auch die fröhlichen Abende in die Freizeit hinein. Traditionsgemäß fand er am Samstagabend statt. Er erforderte ein gutes Vorplanen und ließ mich zur eifrigen Sammlerin von lustigen Gesellschaftsspielen und heiterem Vorlesematerial werden, von dem ich noch heute profitiere. Es gab unter den Teilnehmern nur ganz wenige, die sich auf diesen Abend nicht freuten. Ich habe festgestellt, daß fast alle Menschen gern mal von Herzen lachen, wenn man ihnen dazu Gelegenheit gibt. Ich selber mußte an den

Abenden manchmal Tränen lachen. Auch war es erstaunlich, welch ungeahnte Talente da zum Vorschein kamen. An einem Abend traten zwei ältere Damen in den Ring, die sonst immer angemessen und würdevoll reagierten. Als Fußballspielerinnen mußten sie mit Hilfe eines Besenstieles einen trockenen Aufnehmer unter den Stuhl des Gegners bringen, um ein Tor zu schießen. Die beiden spielten mit soviel Charme und Hingabe, daß sie Lachsalven und auch Lachtränen hervorriefen. Ganz erschöpft sanken sie hinterher einander in die Arme.

Gegen zehn Uhr wurde der Abend beendet. Wir saßen dann noch ein Weilchen im großen Kreis, sangen ein paar Abendlieder, und zwei oder drei Teilnehmer sprachen noch ein kurzes Dankgebet.

Einmal war eine Frau dabei, die man wohl als kirchliche Randsiedlerin bezeichnen könnte. Sie kam nach solch einem Abend auf mich zu mit den Worten: „Das habe ich nicht gewußt, daß man ohne Alkohol so ausgelassen fröhlich sein kann." Und nachdenklich fügte sie hinzu: „Einer hat für das Lachendürfen gedankt. Nein, sowas!"

Wir Christen dürfen die Freude, die Gott uns schenkt, auch auf diese Weise zum Ausdruck bringen, denn Freude braucht Verleiblichung. Wie sollen die Menschen etwas merken von der Freude, die in uns lebt, wenn sie durch uns keinen Ausdruck findet. Als der verlorene Sohn nach Hause gekommen und von seinem Vater wieder aufgenommen war, „da fingen sie an, fröhlich zu sein". Wir haben allen Grund zur Freude. Ein Wort Martin Luthers: „Im Glauben darf ich aus dem dunklen Haus in die helle Sonne springen."

Dieser Glaubenssprung muß immer neu geschehen. Es ist der Sprung in das Vertrauen hinein, aus dem uns dann Gelassenheit und Heiterkeit zuwächst. Gelassenheit und

Heiterkeit. Um diese beiden sollten wir beim Älterwerden bitten. Denn wir brauchen sie.

Und nun will ich noch ein wenig von Schwester Elisabeth und ihren fröhlichen Kindergeschichten erzählen. Schwester Elisabeth hat Jahrzehnte hindurch einen Kindergarten geleitet. Wenn sie so richtig ins Erzählen kam, gerieten wir eingeladenen Gemeindeschwestern wie von selbst in eine fröhliche Stimmung.

Ob die typischen Kinderaussprüche, die ich hier weitergebe, alle von ihr stammen, weiß ich nicht mehr sicher. Es ist eben lange her, aber irgendwann habe ich mich daran gefreut, und das sollten Sie auch tun.

In einer Familie sind Zwillinge angekommen. Der Vater sagt zu seinem Sechsjährigen: „Erzähl' es mal dem Lehrer, vielleicht gibt er dir einen Tag frei." Strahlend kommt der Bursche mittags nach Hause. „Na, was hat der Lehrer von unseren Zwillingen gesagt?" Antwort: „Ich habe morgen frei, aber ich habe dem Lehrer nur erst von einem Kind erzählt, das andere habe ich mir für die nächste Woche aufgehoben."

Ein kleines Mädchen hat ein Brüderchen bekommen. „Und was hat deine Mutti dazu gesagt?" fragt die Schwester. „Ach, die weiß es noch gar nicht."

An die Diakonissentracht gewöhnten die Kinder sich schnell. Eine Schwester wird vom Mutterhaus in Bethel zurückgerufen. Eine andere übernimmt die Leitung des Kindergartens. Zufällig tragen beide den gleichen Vornamen. Die kleine Monika erzählt zu Hause: „Du, Mutti, Tante Anna ist wieder da, sie hat nur einen neuen Kopf gekriegt."

Und zum Schluß noch eine Geschichte von einem lieben kleinen Mädchen: Anette ist eine sehr zärtliche Puppenmutter. Und wie es oft so ist, die unansehnlichste und schon ziemlich zerzauste Puppe aus der großen Schar ist ihr die liebste und wird sichtlich bevorzugt. Als gerade diese Puppe eines Tages wieder einmal mit auf Besuch zu einer Freundin wandern soll, meint die Mutter: „Kind, nimm doch eine andere Puppe mit. Diese ist doch wirklich nicht mehr schön." Aber die kleine Puppenmutter bittet um Gnade für ihr beanstandetes Puppenkind. Als sie dann am Mittag von ihrem Besuch bei der Freundin zurückkommt, läuft sie ganz beglückt zu ihrer Mutter in die Küche und berichtet strahlend: „Sieh mal, Mutter, du meinst immer, meine Heidi wäre nicht mehr schön. Und dabei sind die Leute auf der Straße sogar stehengeblieben und haben gesagt: ‚Oh, was für ein reizendes Kind!'"

Fröhliche Mitmenschen

Unter den vielen Menschen, die mir in meinen Dienstjahren begegnet sind, haben sich einige meinem Gedächtnis tief eingeprägt, so daß ich noch heute manchmal an sie denken muß.

Zu ihnen gehört Herr Z. Als besondere Gabe war ihm ein echter Mutterwitz in die Wiege gelegt worden. Seine trockenen Bemerkungen und lustigen Einfälle kamen ihm so spontan, daß es mich immer wieder überraschte. Oft mußte ich in seiner Gegenwart herzlich lachen, und das tat gut. Besonders freute es mich, daß Herr Z. seine kranke Mutter, die viel zu leiden hatte, durch seinen köstlichen Humor oft erfreute und auf andere Gedanken brachte. Er war ihr ein guter Sohn.

Und noch etwas zeichnete Herrn Z. aus: Er schenkte gern. Er verstand es, ganz kleine Gaben, wie zum Beispiel einen schönen Apfel oder eine dicke Walnuß einem so charmant zu schenken, daß man sich einfach freuen mußte. Nur einmal meinte ich, mich gegen ein Geschenk von ihm wehren zu müssen. Es erschien mir zu wertvoll. Da wurde er ernst und sagte: „Darf ich Ihnen einmal etwas anvertrauen? Ich bin von Natur aus ein schrecklich geiziger Mensch. Sie werden es nicht glauben, aber es ist so. Als ich entdeckte, daß ich so geizig bin, habe ich mir gesagt: Paß bloß auf, daß das keiner merkt, wie geizig du bist. Jetzt schenke ich gern, aber das tue ich nur, damit mein Geiz nicht zum Vorschein kommt."

Da man bei Herrn Z. öfter nicht wußte, ob er scherzte oder es ernst meinte, habe ich seine Sätze damals so stehen lassen, wie sie gesagt wurden. Wie hätte man ihren Wahrheitsgehalt auch überprüfen sollen?

Ein so freigebiger und liebenswürdiger Geizkragen ist mir jedenfalls sonst nirgends begegnet. Ich bin ihm heute noch dankbar, dankbar auch für jedes herzliche Lachen, das er mir geschenkt hat.

Ein anderer, Herr Kupensky, ein rundlicher Herr in den Siebzigern, war in früheren Jahren ein richtiger Weltenbummler. Er konnte von den seltsamsten Erlebnissen berichten.

Er verfügte über einen nüchternen Blick für die Realitäten des Lebens, besaß aber auch einen köstlichen Humor. Er konnte über sich selbst lachen.

„Ich habe", so sagte er, „nie gern in den Spiegel geschaut, weil ich zutiefst davon überzeugt war, ein kleiner häßlicher Zwerg zu sein. Bei einem Besuch im Versailler Schloß ist mir dort im Spiegelsaal fast übel geworden. Von allen Seiten und in allen Stellungen starrte mich dort das eigene Ich an, es war nicht zum Aushalten. Manche Leute lächelten sich selber zu. Ich habe es dort nur ein paar Minuten lang ausgehalten."

Nach einer Weile fuhr er fort: „Manchmal wäre es aber besser gewesen, ich hätte gründlicher in den Spiegel geschaut, zum Beispiel damals, als ich mir in einem Hutladen in

Paris einen Zylinder kaufte. Es war vor meiner Amerikareise. Der Hut war für meine Figur viel zu groß. Ich merkte gar nicht, wie komisch ich darin aussah. Das Lächeln, mit dem die Verkäuferin mich entließ, hielt ich für französischen Charme.

Nach der Ankunft in New York fiel mir gleich auf, wie freundlich die Leute waren. Überall sah ich lächelnde Gesichter. Was ist das doch für eine fröhliche Nation, dachte ich. Bis eines Tages eine Horde wilder Burschen hinter mir her johlte: ‚Where did you that hat?' (‚Wo hast du deinen Hut her?') Nun wußte ich, woher das allgemeine Lächeln kam. Ich kaufte mir einen Strohhut. Da war die Nation auf einmal nicht mehr so freundlich zu mir."

Einfachheit

Schon lange sehe ich es nicht mehr als einen Mangel an, daß mein Leben im Zeichen der Einfachheit steht. Gott hat ja nicht aus Versehen auch die kleinen Talente gemacht. Ich wünsche mir nur, daß das, was ich schreibe, Klarheit und Frieden ausstrahlen möge.

Was mich manchmal bedrückt, ist meine Halbbildung.

Es gibt so viele Dinge in der Welt, denen ich eigentlich auf den Grund gehen müßte. Man weiß ein klein wenig über sie, erfährt aber nie das Ganze, das Eigentliche, das, worauf es bei ihrem Vorhandensein ankommt. Aber das eine Leben ist viel zu kurz, als daß man sich mit all dem beschäftigen könnte, was einen interessiert. Und so läßt man vieles einfach am Wege liegen.

Andererseits möchte ich auch kein Spezialist auf irgendeinem Gebiet sein. Wir gehen montags abends in einen Kreis, in dem man sich mit englischer Literatur beschäftigt. Unser Leiter ist ein pensionierter Hochschullehrer. Er hat dreißig Jahre an der hiesigen Universität über eine bestimmte Epoche der englischen Literatur doziert und weiß alles über ein paar Jahrhunderte auf diesem Gebiet. Ich habe aber schon herausgefunden, daß er von der deutschen Literatur nicht mehr weiß als ich auch – oder vielleicht sogar noch etwas weniger.

Daß es bei dem angehäuften Wissen unserer Welt nicht mehr ohne Spezialistentum geht, ist mir deutlich. Wissen ist Macht, sagte man früher zu den Schülern, um sie zum Lernen anzuspornen.

Das Wort habe ich nie gemocht, es ist ein kaltes Wort.

Wissensdurst gefällt mir besser. Ich glaube, wem dieser Durst angeboren ist, der muß trinken, solange er denken kann.

Vergiß nicht, was er dir Gutes getan hat

Tagelang hatte ich schon überlegt, ob dies und das, was als Erinnerung in mir lebendig wurde, des Aufschreibens wert sei.

Da hatte ich in einer Nacht einen seltsamen Traum. Ich befand mich in einem Raum mit vielen Tischen, an denen mir fremde Leute saßen. Plötzlich kam in die Menschen zu meiner Linken Bewegung. Jeder sagte einen Bibelspruch. Gleich würde ich an der Reihe sein. Ich geriet innerlich in Panik, denn mir fiel absolut nichts ein. Doch dann höre ich mich selber mit lauter Stimme sagen: „Ich grüße Sie mit dem Psalmwort: ‚Lobe den Herrn, meine Seele, und vergiß nicht, was er dir Gutes getan hat.'" Meine eigene Stimme ließ mich wach werden. Sonst vergesse ich meine Träume sehr schnell. Merkwürdigerweise fiel mir dieser Traum immer wieder ein. Das mir so bekannte Bibelwort blieb in meinen Gedanken.

Sollte das bedeuten: Schreibe auf, was er dir Gutes getan hat? Aber wo da anfangen und wo aufhören? Tut Gott uns nicht alle Tage Gutes?

Einige Male hat Gott mich mit einer großen Freude überrascht. Davon will ich erzählen.

Er schenkte mir etwas, womit ich nie gerechnet hätte.

Bei einer Freizeit im Calvi-Hotel auf der Insel Korsika lernten wir den Pianisten und Komponisten Gordon Schultz kennen. Er hatte die Leitung der Freizeit und hielt uns auch die Bibelarbeiten. Wir waren eine große Teilnehmerschar, tagsüber ging jeder seiner Wege, so daß es zwischen Herrn Schultz und mir zu keinem persönlichen Gespräch kam.

Die schöne Zeit ging schnell zu Ende. Der Abschiedsabend sollte fröhlich gestaltet werden, was dann auch gelang, weil eine kleine Gruppe ihn gut vorbereitet hatte. Mir fiel die Aufgabe zu, den „besinnlichen Schluß" zu machen. Eine Kurzandacht war erwünscht, und ich sollte ein paar eigene Gedichte vorlesen. Diesem Wunsche kam ich nach und fand aufmerksame Zuhörer.

Gleich nach der Abendveranstaltung kam Gordon Schultz auf mich zu, bedankte sich und stellte in bezug auf mein schriftstellerisches Wirken einige Fragen. Spontan schenkte ich ihm mein Gedichtbüchlein „. . . wohl aber vertiefen", das ich noch in der Hand hatte.

Diese kurze Begegnung lag so am Rande des Geschehens, daß ich hinterher kaum noch an sie gedacht habe.

Umso mehr überraschte mich der Brief, der Wochen später in Utrecht eintraf. Herr Schultz schrieb: „Einige

Ihrer Gedichte haben mich dazu angeregt, sie in Noten zu setzen. Könnten Sie mir nicht noch einige liedartige Texte zuschicken, die sich zum Vertonen eignen?"

Eifrig ging ich ans Werk. Eine rege Korrespondenz zwischen Winterthur und Utrecht begann. Gordon Schultz ist Amerikaner, hat eine Schweizerin zur Frau und wohnt in Winterthur.

Was mir andeutungsweise schon zu Ohren gekommen war, nahm bald greifbare Gestalt an: Es sollte eine Schallplatte entstehen mit der Musik von Gordon Schultz und meinen Texten.

Ich konnte es erst kaum glauben. Doch dann nahmen die Dinge einen guten Verlauf. Der Verlag Schulte & Gerth wollte die Schallplatte herausbringen. Die Japanerin Hisai Kambara wurde als Sopranistin gewonnen und Hans Günter Dobzinski sang den Bariton. Auch ein Jugendchor trug zum Gelingen des Unternehmens bei.

Da auch vier Gedichtlesungen gefragt waren, mußte ich zum ersten Mal in meinem Leben in einem Studio erscheinen und konnte dabei die Erfahrung machen: Ein kleines Gedicht fehlerfrei zu lesen ist eine Kunst, die geübt sein will.

Der Titel der Platte „Mit Ihm unterwegs" ist gleichzeitig der Schlußsatz des ersten Gedichtes:

Unterwegs

Komm,
sprach Er
und mahnte zum Aufbruch.
Nein, sagte ich.
Es lohnt nicht
zu beginnen,
der Weg ist zu mühsam,

das Ziel ist zu fern.
Ich erreiche es nicht.
Was redest du da? –
fragte Er gütig.
Ich bin der Anfang.
Ich bin das Ende.
Von einem Punkt
bis zu dem andern
führt meine Liebe.
Hier, nimm meine Hand.
Und nun, komm!
Ich war verwundert,
doch ich schlug ein.
Seither bin ich mit ihm unterwegs.

Und dann waren die Schallplatten und Kassetten, auf die ich mich lange gefreut hatte, endlich fertig. Die ersten Exemplare schickte mir der Verlag nach Siegen-Geisweid, wo ich gerade im Hause Patmos des Erholungsheims der Deutschen Zeltmission eine Frauenfreizeit hielt. So konnten wir gemeinsam die „Uraufführung" erleben. Ich brauchte mich nicht allein zu freuen, ich hatte Teilhaber der Freude. „Vergiß nicht, was er dir Gutes getan hat."

Selbstverständlich kann der Unglaube das alles, was ich hier erzählt habe, als reinen Zufall ansehen, unvorhergesehene Begegnungen sind für ihn Schicksal oder vielleicht auch ein Glücksfall.

Wir Christen haben es da besser. Wir wissen: Nicht der Zufall regiert unser Leben. Der himmlische Vater weiß, was seine Kinder brauchen. Nicht immer ist das, was er gibt, gleich als etwas Gutes zu erkennen. Am Ende aber wird es sich zeigen, daß denen, die Gott lieben, alle Dinge zum Besten dienen.

Reiseeindrücke

„Wir woll'n zur schönen Sommerzeit ins Land der Franken fahren." So oder ähnlich sangen wir es von der Feste Coburg herab. Wir hatten uns im Jahre 1936 zu einer Mitarbeiterfreizeit des Deutschen Mädchenwerkes zusammengefunden in Coburg. Die behördliche Genehmigung war ausgeblieben. Frau Grete Schemann hatte uns trotzdem anreisen lassen, sicher mit Angst und Sorgen, von denen wir aber kaum etwas merkten. Wir ungefähr 50 Teilnehmerinnen verlebten eine gefüllte und gesegnete Woche. Täglich versammelten wir uns um die Bibel. Nebenbei erfuhren wir Wissenswertes über Luthers Aufenthalt auf der alten Feste und auch über das dortige Schloß, das man die Ehrenburg nennt. Wir dachten an den Dichter des Liedes „Jerusalem, du hochgebaute Stadt, wollt Gott, ich wär in dir." Es war Johann Matthäus Meyfart (1590–1642). Die dritte Strophe dieses schönen Liedes beginnt mit den Worten: „O Ehrenburg, nun sei gegrüßet mir, tu auf die Gnadenpfort."

Während der Freizeitwoche ließ ich mir mein Fahrrad nachschicken. Ich konnte noch eine Woche anhängen.

Rothenburg ob der Tauber

Mit dem Besuch dieser Stadt erfüllte sich mir ein Traum. Durch ein Merianheft war meine Neugierde geweckt. Nun durfte ich diese schöne mittelalterliche Stadt erleben. Als ich an einem warmen Junimittag ankam, stand im Herbergsbuch für den Tag nur ein Name verzeichnet: Erika Schulz, Bethel bei Bielefeld. Wer mochte das sein?

Abends lernten wir uns kennen. Frau Schulz war in Bethel Lehrerin an der Oberschule und nebenbei eine begeisterte Hobbymalerin. Das Letztere ist wohl der Grund, daß ich die Begegnung mit ihr nicht vergessen habe. Ich war ein begeisterungsfähiger junger Mensch und konnte mich an allem Schönen erfreuen, aber ich hatte noch nicht gelernt, die Dinge genau und in der richtigen Perspektive zu betrachten. Frau Schulz nahm mich am nächsten Morgen mit zu einer Stadtbesichtigung. Ihr Skizzenbuch trug sie unter dem Arm. Wenn sie irgendwo saß und ihre Eindrücke mit dem Zeichenstift festhielt, ging ich durch die umliegenden Straßen. „Sehenlernen" war das geheime Thema dieser Tage, die Augen schulen für das Wesentliche.

Später habe ich noch oft an die beiden Rothenburger Tage gedacht, wenn es um ein anderes Sehenlernen ging.

Viel Freude haben mir zum Beispiel Bildbetrachtungen gemacht. Es ist etwas Schönes, mit einer Gruppe vor einem auf die Leinwand projizierten Gemälde zu sitzen und miteinander über Einzelheiten des Bildes nachzudenken und das Ganze auf sich einwirken zu lassen.

Sehr ergiebig ist in der Beziehung das „Hundertguldenblatt", die bekannte Radierung von Rembrandt. Seitdem ich das Kunstwerk richtig sehen lernte, redet es zu mir, so oft ich es betrachte.

Bei manchen Bildern entdeckt man immer wieder etwas Neues. Es ist noch gar nicht lange her, daß ich, durch eine gute Erklärung angeleitet, auf Grünewalds „Isenheimer Altar" zum ersten Mal bewußt die Schlange im Gewand der Maria Magdalena sah.

Das „Sehenlernen" hört nicht auf, auch im Alter will es noch geübt werden.

Wir Christen wissen noch um ein anderes „Sehenlernen", das auch währt, solange wir leben. Zu dem zweifelnden

Thomas sprach der Herr davon mit den Worten: Selig sind, die nicht sehen und doch glauben.

Und wir beten:

Jesu, gib gesunde Augen,
die was taugen,
rühre meine Augen an,
denn das ist die größte Plage,
wenn am Tage
man das Licht nicht sehen kann.

Begegnung mit der Brutalität der Nazis

Schon bei der Einfahrt in die Stadt Erlangen fielen mir die über die Straßen gespannten Spruchbänder auf. Auf ihnen stand zu lesen: „Besucht die einzige gut erhaltene Freimaurerloge Deutschlands, die Johannesloge."

Mit einer Gruppe Wartender stand ich vor der Tür des Gebäudes, als ein SA-Mann erschien und uns einließ. Da ich bis zu dem Zeitpunkt nur wenig über das Freimaurertum wußte und eigentlich nur unheimliche Dinge darüber gehört hatte, fand ich die Führung durch das Haus mit den entsprechenden Erklärungen schon interessant. Ich ärgerte mich nur an den zynischen Bemerkungen des jungen Mannes. Dann jedoch kamen wir in einen Raum, in dem verschiedene Urnen auf Gesimsen an der Wand standen. Der SA-Mann sagte: „In diesen Urnen ist die Asche von einigen leitenden Persönlichkeiten dieser Loge aufbewahrt. Die Herren, zum Teil waren es Universitätsprofessoren, hegten den Wunsch, hier ihre letzte Ruhe zu finden. Wir aber werden schon dafür sorgen, daß sie diese Ruhe nicht finden." Und dabei nahm er die Urnen von dem Wandgesimse und schüttelte sie kräftig durch. Ich drehte mich um und strebte dem Ausgang zu.

Draußen schien die Sonne wie vorhin. Mir aber war es zumute, als hätte sie sich verdunkelt. Mich schauderte vor dieser respektlosen, brutalen Gehässigkeit.

Und doch, noch unverzeihlich unwissend über die Greueltaten der Nazis, habe ich das unangenehme Gefühl damals schnell abgeschüttelt und bin wieder fröhlich meines Weges gezogen.

Erinnerungen an die Stadt Würzburg

Als Susi, eine Freizeitteilnehmerin, vom Plan meiner Radtour hörte, lud sie mich ein, sie in Würzburg zu besuchen.

Ihre Eltern nahmen mich freundlich auf. Susis Vater war bei der Zeitung beschäftigt. Er nahm sich einen Tag frei, um mir und seiner Tochter die Stadt zeigen zu können. „Meine Tochter hat da einen großen Nachholbedarf", fügte er lächelnd hinzu.

Und so machten wir uns am nächsten Morgen auf den Weg. Die Sehenswürdigkeiten der Stadt Würzburg zogen mich schon bald in ihren Bann. Die fachmännische Führung eines ihrer Bürger, der seine Heimatstadt liebte, vertiefte das Gesehene und Gehörte.

Nachdem wir uns fünf Kirchen angesehen hatten, verspürte ich Müdigkeit und fragte zaghaft: „Wieviel Kirchen gibt es in Würzburg?" „Dreiunddreißig", lautete die Antwort, „aber haben Sie keine Angst, wir besichtigen sie nicht alle."

Den nachhaltigsten Eindruck hinterließ bei mir die Residenz. Als wir das herrliche Treppenhaus des Balthasar Neumann betraten, begriff ich auf einmal, was die Barockkünstler ausdrücken wollten: Freude am Leben und Bejahung seiner vielfältigen Formen.

In den Kirchen hatte ich die nur rein menschliche Überschwenglichkeit des Schönen als zuviel, als überladen empfunden. Hier in der Residenz erschien mir das Barockgefühl als hoher Lobpreis der Schönheit dieser Erde am Platze zu sein. Auch ging mir damals auf, daß man Baustile nur recht begreift, wenn man sie erlebt und sie auf sich einwirken läßt.

Erst vor einiger Zeit fand ich das neu bestätigt, als wir auf einer Fahrt entlang des Rheins die drei alten Kaiserdome in Mainz, Worms und Speyer besuchten.

Damals in Würzburg zog mein liebenswürdiger Gastherr in seinen Ausführungen eine Verbindungslinie zwischen dem Barockstil und der Musik von Mozart. Er schwärmte von den sommerlichen Mozartwochen im Garten der Residenz, von namhaften Künstlern und ihren Darbietungen.

Am späten Nachmittag betraten wir noch eine Kirche, deren Innenraum in grünem Marmor erstrahlte. Dort herrschte eine herrliche Kühle. „Sollen wir uns nicht hier eine halbe Stunde hinsetzen, uns ausruhen und gar nichts reden?" fragte Susis Vater. Wir waren einverstanden. Für mich war jene stille halbe Stunde damals noch eine neue Erfahrung. Auf die Stille hören, ihr lauschen, sie mit einer geheimen Zwiesprache füllen, so daß sie zu einer Kraftquelle wird, auch das will gelernt sein.

Am See Genezareth

Freunde, die das Land Israel schon fünfmal besucht haben, zeigten uns einige reich bebilderte Reisebeschreibungen über das faszinierende Land. Wir freuten uns gemeinsam an den schönen Büchern und tauschten Erinnerungen aus.

Glücklich kann sich jeder schätzen, der nach Rückkehr von der Reise, wenn er seine Dias liebevoll und sorgfältig ge ordnet hat, ein aufmerksames und dankbares Publikum vorfindet, dem er sich mitteilen kann. Denn auch hier gilt: „Wem das Herz voll ist, dem geht der Mund über."

Als ich damals, bis zum Rand meiner Seele von dem Erleben erfüllt, von der Israelreise heimkam, hatte ich dieses Glück. Ich war noch Gemeindeschwester, und so konnte ich in den einzelnen Kreisen von meinen Erlebnissen erzählen.

An dieser Stelle will ich nichts von meinen sonstigen Eindrücken im Heiligen Land berichten, ich will nur ein kleines Erlebnis schildern, das mir bisher ganz allein gehörte und das ich nie vergessen werde.

Wir wohnten in Tiberias in einem Hotel, nur wenige Meter vom See Genezareth entfernt. An einem Morgen wurde ich recht früh wach und verspürte Lust, nach draußen zu gehen. Rasch zog ich mich an und schlüpfte aus der Haustür. Der östliche Himmel war ganz hell, aber Wolken verdeckten noch die Sonne. Am See herrschte tiefe Stille. Auf den Booten am Ufer regte sich nichts. Ich ging einen schmalen Weg unweit des Wassers entlang.

Auf einmal mußte ich unwillkürlich stehenbleiben. Vor mir sah ich vier jüdische Männer. Sie waren dem hellen Morgenhimmel zugewandt, hatte die Arme erhoben und beteten.

Ich ging ein Stück des Weges zurück, um die Beter bei ihrer Andacht nicht zu stören. Als sie auseinandergegangen waren, setzte ich meinen Weg fort. Mir war feierlich zumute.

Der aufsteigende Tag, die Morgenstille, die betenden Männer – und vor allem der Gedanke an ihn, der mit seinen Jüngern vielleicht gerade auch diesen Weg am See entlang gegangen war, stimmten mich feierlich. Ich mußte lebhaft an die Geschichte denken, die uns in Johannes 21 erzählt wird: Der Auferstandene steht im Morgengrauen am Ufer des Sees und wartet auf das Boot mit den Jüngern, die vom nächtlichen Fischfang heimkehren. Und dann der erstaunte Ausruf der Männer: „Es ist der Herr!"

Was in meiner „Morgenstunde" sonst noch geschah? Nichts weiter. Es war auch genug.

Erinnerungen an Ephesus

Die Schiffsreise unter dem Thema: „Auf den Spuren des Apostels Paulus" war wohl die schönste Reise in meinem Leben.

An einem Tag besuchten wir die Ruinenstadt Ephesus. Durch ein Erdbeben zur Zeit des Kaisers Tiberius wurde die Stadt schwer heimgesucht. Später führte die Versandung des Hafens zu ihrem Rückgang. Ephesus verfiel und ging schließlich unter.

In neutestamentlicher Zeit war Ephesus die bedeutendste Metropole Kleinasiens. In ihr befand sich der Tempel der Artemis, der ausgegraben wurde. Er gehörte zu den sieben Weltwundern.

Es ist erstaunlich, was man dort sonst noch alles ausgegraben hat: Brunnen, Bäder, Bibliotheken, Gymnasien, Tore und Prachtstraßen. Auch die Ruine des Theaters von Ephesus, wo der große Aufruhr um Paulus und seine Mitarbeiter stattfand (Apostelgeschichte 19,35), ist erhalten. Es bot mit seinen 66 Sitzreihen 24 000 Menschen Platz.

Einer unserer Reiseteilnehmer, der verstorbene Pfarrer Dr. Gerhard Bergmann, probierte die Akustik aus, indem er Schillers „Bürgschaft" deklamierte. Deutlich hörte man seine Worte auch auf den entferntesten Rängen.

Zur Zeit des Apostels Paulus sollen in Ephesus 100 000 Menschen gewohnt haben.

Deutlich erinnere ich mich an die Ruine der großen Johannes-Basilika. In der merkwürdig gebauten Taufkapelle sind noch alte Fresken zu sehen. Sie waren übereinander gemalt. Auf einer ist der Evangelist Johannes zu sehen. Ob er so ausgesehen hat? Er soll mit Maria, der Mutter Jesu, auf diesem Hügel gelebt haben, auf dem ihr Wohnhaus noch heute den Fremden gezeigt wird.

Wir sehen hinab auf die Isa-Bey-Moschee. Neben mir steht der türkische Fremdenführer und zeigt auf die Ruinen des Artemis-Tempels. Er sagt: „Vorgängerin der Artemis war die Kybele, ihre Nachfolgerin ist die Maria." Ich schwieg. Hätte ich ihm widersprechen sollen? Ich denke daran, daß auf dem ökumenischen Konzil Maria zum erstenmal „Gottesgebärerin" genannt wurde. Das Konzil fand im Jahre 431 in Ephesus statt. Der Marienkult hat also schon eine lange Geschichte. Der Abend naht. Wir müssen weiterziehen. Die Ruinen sind umblüht von Thymian und rotem Mohn. Über allem liegt ein besonderes Licht. Auf dem Nachhauseweg sagt eine Reiseteilnehmerin: „Vorläufig habe ich von Ruinen genug." Mir geht es auch so. Die Aufnahmefähigkeit ist erschöpft. Über die Aussage der Ruinen sind wir uns einig. „Aller Erden Herrlichkeit währt nur eine kurze Zeit und muß vergehn."

Eine Andacht in vier Sprachen

Da wir in Ringgenberg am Thuner See noch gern über Pfingsten bleiben wollten, unsere Zimmer in der Pension aber laut Absprache räumen mußten, siedelten wir ins Gästehaus der Heilsarmee über. Zu unserem Erstaunen fanden wir dort unter den Gästen nicht nur Schweizer, sondern Leute aus mehreren europäischen Ländern vor, sogar aus Amerika. Die Leiterin des Hauses hielt die Morgenandacht in vier verschiedenen Sprachen. Nachdem sie zwei oder drei Sätze in deutsch gesprochen hatte, wiederholte sie diese in französisch, englisch und italienisch. Es ging wie geölt. Den Schweizern, an Mehrsprachigkeit gewöhnt, schien das nicht viel auszumachen. Uns beeindruckte es.

Wir haben uns übrigens in der freundlichen Atmosphäre des Hauses sehr wohl gefühlt. Wir hatten liebenswürdige Tischnachbarn, die in ihrer Aufgeschlossenheit ein bißchen vom Atem der weiten Welt an sich trugen.

Aber vielleicht erlaubt eine weltweite Organisation wie die Heilsarmee einfach keinen Kleinstadthorizont.

Der Reiseführer

Die Begeisterung über sein Heimatland ließ seine dunklen Augen strahlen und seinen Mund Superlative gebrauchen: Die höchsten Berge, die schönsten Seen, die modernsten Städte, die größten Hotels. Und dann die Kunstschätze! „Meine Herrschaften, das gibt es nur einmal. Das müssen Sie gesehen haben."

Wir Businsassen, wir weitgereisten Leute, sind eindrucksmüde. Auch macht uns die Mittagshitze schläfrig. Außerdem haben wir in den letzten Tagen Sehenswürdigkeiten wie mit Löffeln gegessen.

So dösen wir vor uns hin und lächeln innerlich ein wenig über den begeisterten Fremdenführer, so wie man über ein Kind lächelt, das allzu eifrig spielt.

Doch dieser Zustand hält nicht lange an. Wir werden munter. Unsere Gesichter straffen sich. Die Freude des braunen Burschen springt auf uns über; wir reiben uns die Augen und recken die Hälse. Tatsächlich, eine wunderschöne Landschaft! Wir fangen an, sie mit den Augen unseres Reiseführers zu sehen. Seine Begeisterung hat uns angesteckt. Das kleine Erlebnis hat mich damals nachdenklich gemacht und bleibt mir unvergessen. Wir können unser Christsein nur dann glaubwürdig darstellen, wenn wir selber davon überzeugt sind. Vielleicht wirkte unser Glaube ansteckender, wenn die Freude über den Reichtum, den Jesus Christus uns schenkt, mehr aus uns herausstrahlen würde.

Erlösungssehnsucht

Sie sind die reinsten Weltenbummler, meine Bekannten, „Globetrotter" hätte man sie früher genannt. Auf Hunderten von Dias haben sie ihre Reiseeindrücke festgehalten; auch das religiöse Leben der fremden Völker hat sie sehr interessiert. Sie haben mit Gold und Edelsteinen geschmückte buddhistische und hinduistische Tempel fotografiert, Götterstatuen in allen Größen, alte, verfallene Klöster, in denen einst fromme Mönche lebten. Auch haben die Reisenden heutige Menschen beobachtet, die unsagbar harte Strapazen auf sich nehmen, um die heiligen Stätten ihrer Religion zu besuchen. Das alles fanden sie sehr beeindruckend.

Ich weiß nicht, ob dies alles meine Bekannten auch nachdenklich gemacht hat. In mir ruft es die Frage wach: Warum all dieser Aufwand, all diese Anstrengungen, um mit einem höheren Wesen, wie immer man es auch nennen mag, in Kontakt zu kommen?

Ob es sich nun um den Glauben primitiver Volksstämme handelt oder um hochentwickelte Weltreligionen, ich sehe dahinter die Erlösungssehnsucht des Menschen, der sich mit dem Sichtbaren einfach nicht zufriedengeben kann.

Woher kommt, wenn der Mensch wirklich aus dem Urschlamm des Meeres entstanden sein sollte, dieser geheimnisvolle Zug seines Inneren nach dem Übersinnlichen? Was steckt dahinter, daß er nicht allein immer „nach dem Hügel hinter den Hügeln" suchen muß, sondern unentwegt auf der Suche ist nach einer Spur seines Ursprungs, die über sein biologisches Sein hinausweist?

Mich befriedigt keine andere Antwort als die des Kirchenvaters Augustin: „Unser Herz ist geschaffen zu dir, Gott, hin. Es ist unruhig in uns, bis es ruhet in dir."

Die Frohe Botschaft gilt jedem einzelnen

Diese Wahrheit wurde uns einmal in Paris neu bestätigt und prägte sich uns durch ein kleines Erlebnis ein:

Mit vielen anderen Touristen besuchten wir die berühmte, weithin sichtbare Kirche Sacre Coeur. Von ihrem Vorplatz aus kann man weit über die Weltstadt und ihre Umgebung hinaussehen. Im Vordergrund liegt das alte Viertel Montmartre.

Im gewaltigen Rund der Kirche bewunderten wir die herrlichen Glasfenster.

Danach betraten wir die Kirche Saint Pierre de Montmartre. Auch dort gibt es schöne Glasfenster. Die Symbole aus dem Leben des Petrus hatten uns besonders angesprochen.

In einer Seitenkapelle, seitlich vom Hauptaltar, wurde gerade eine Messe gelesen. Ein einziger Gläubiger nahm daran teil. Ein junger Mann mit aufgeschlossenem und gleichzeitig gesammeltem Blick kniete andächtig in seiner Bank.

Ja, wir dürfen es glauben: „Er hat auch an mich gedacht, als er rief: ‚Es ist vollbracht.‘"

Der Pantokrator

Die wunderschönen Mosaiken in der Normannischen Kirche in Monreale auf Sizilien haben mich tief beeindruckt und bleiben mir unvergeßlich. Wenn ich heute nach vielen Jahren an jene Kirche denke, steht mir am deutlichsten der Pantokrator vor Augen. Das Brustbild des thronenden Christus füllt die ganze Wölbung des Chorraumes aus. In seiner rechten Hand, der Segenshand, trägt der erhöhte Herr ein Buch. Das Gewaltigste an diesem Bild sind die Augen. Sie treffen den Besucher an jedem Platz des Raumes. Dieses Christusbild zeigt nicht mehr den Geschändeten, den Erniedrigten, den armen Mann aus Nazareth, sondern den Allgewaltigen, der das Schicksal der Welt und unser aller Schicksal in seinen Händen hält. Seine durchdringenden Augen und seine alles beherrschenden Hände müßten uns erschrecken, wenn wir nicht wüßten, daß er uns mit Augen der Liebe ansieht und mit durchbohrten Händen nach uns greift.

Leben in Holland

Daß ich in meinem Leben viele Jahre in Holland verbringen und mit Land und Leuten vertraut werden würde, dieser Gedanke ist mir früher nie gekommen, er wäre mir auch absurd erschienen. Und doch ist es so gekommen.

Schwester Annemarie, meine holländische Freundin, lernte ich in Bethel kennen. Ihr Angebot, nach meiner Pensionierung mit ihr in ihr Heimatland zu kommen, kam meinem Wunsch entgegen, einen stillen Platz zum Schreiben zu finden, an dem ich möglichst wenig abgelenkt würde. So kam der Umzug nach Holland zustande.

Mein Wunsch nach Stille, um ungestört arbeiten zu können, hat sich damit auf ideale Weise erfüllt. Da Schwester Annemarie hier in der Stadt ein Altenheim leitet, ist sie dienstlich sehr beansprucht. Dadurch kann ich viel Zeit am Schreibtisch verbringen.

Gottes Wege mit seinen Kindern sind voller Geheimnisse. Oft verstehen wir sie erst im nachhinein. Häufig können wir im Rückblick auf seine wunderbaren Führungen nur staunen, und uns bleibt nichts zu tun als zu loben und danken.

Nun bin ich schon über zehn Jahre hier im Land. Ich konnte in dieser Zeit viele neue Eindrücke gewinnen.

Jeder Aufenthalt im Ausland bedeutet eine Horizonterweiterung, denn jedes Land hat nicht nur seine eigenen Sitten und Gebräuche, es hat auch seine eigene vaterländische und kirchliche Geschichte, seine berühmten Männer und Frauen auf den Gebieten der Politik, der Wirtschaft, der Literatur und der bildenden Künste.

Da lernt man Namen kennen, die einem bisher nicht begegnet sind. Es macht Spaß, etwas Neues zu lernen, namentlich auf Gebieten, die schon früher das eigene Interesse weckten.

Allein schon die alte Bischofsstadt Utrecht, in der wir wohnen, bietet manches Sehenswerte. Wenn man allerdings die heutige moderne Stadt betrachtet, braucht man viel Fantasie, um sich vorzustellen, wie Utrecht vor tausend Jahren ausgesehen haben mag. Nehmen wir einmal das Jahr 1676, als der sogenannte Investiturstreit zwischen den Kaisern und den Päpsten auf seinem Höhepunkt war. Auch der Bischof von Utrecht wird den Gang der Ereignisse mit Spannung verfolgt haben, denn er zählte zu den Betroffenen.

Bis zu jener Zeit wurden die Bischöfe vom Kaiser ernannt. Der Papst hatte die Wahl des Kaisers zu bestätigen und die Bischofsweihe vorzunehmen. Die Bischöfe waren Lehensherren des Kaisers, die ihm beizustehen hatten, aber auch mit seiner Hilfe rechnen konnten.

Sie besaßen nicht nur geistliche, sondern auch viel weltliche Macht.

Den Päpsten paßte das nicht. Sie setzten sich zur Wehr und gewannen den Streit. Mich hat es schon im Geschichtsunterricht in der Schule bewegt, wie dann Kaiser Heinrich IV. seinen „Gang nach Canossa" tun mußte.

Auch der damalige Bischof von Utrecht bekam diese Wende zu spüren. Er mußte seine ausgedehnten Besitzungen nun selber verteidigen, denn die deutschen Kaiser verloren ihr Interesse an den Bischofssitzen. Die Christianisierung der Niederlande liegt noch um einige hundert Jahre weiter zurück. Vor dem Dom in Utrecht steht das Denkmal Willibrods, eines angelsächsischen Mönches, der 659 in Rom zum „Erzbischof der Friesen" ernannt wurde. Willibrod erbaute auf den Überresten einer römischen Siedlung eine kleine Kirche und weihte sie „Sint Maarten", einem fränkischen Helden und Heiligen. An ihrer Stelle steht heute der Utrechter Dom, das Wahrzeichen der Stadt. Damals erreichte das kirchliche Leben hier eine große Blütezeit. Verschiedene Orden ließen sich in der Stadt nieder. Außer dem Dom wurden, und zwar in Kreuzform, noch drei andere große Kirchen gebaut, die jetzt wunderschön renoviert sind. Eine große Rolle spielten später in Utrecht die Kanoniken. Es waren Domherren, die auch den Bischof zu wählen hatten. An ihre „Kapitel" erinnern noch heute manche Bauwerke.

Mit dem Dombau wurde 1253 begonnen. Als Vorbild dienten die französischen Kathedralen. Der Utrechter Dom wurde jedoch keine Kopie dieser großen gotischen Kirchen, sondern erhielt sein eigenes Gesicht.

Im Jahre 1674 wurde das Mittelschiff durch einen Wirbelsturm zerstört und nie wieder aufgebaut. So kommt es, daß der 112 Meter hohe Turm noch heute isoliert vom übrigen Bauwerk dasteht.

Utrecht hat, wie auch andere holländische Städte, seine Grachten. Diese schmalen Wasserstraßen prägen das Stadtbild. Im Stadtkern, rechts und links der Alten Gracht, sind die Fußgängerzonen. Auf dem Wasser liegen viele kleine Privatboote. Rechts und links der Gracht, unter den Straßen, gibt es tiefe Gewölbe, in denen früher die Waren aufgeschlagen lagen. Heute sind dort Restaurationen entstanden. Auf dem nur einige Meter breiten Streifen zwischen Kaimauer und Wasser stehen Tische und Stühle. An schönen Tagen sitzen dort Hunderte von Menschen, um ihren Kaffee zu trinken. Es sind vor allem Studenten, denn Utrecht hat eine dreihundertfünfzig Jahre alte Universität. Und schon von daher ist es eine lebendige Stadt.

Die holländische Landschaft ist, auch wenn sie nur Flachland aufzuweisen hat, durchaus nicht eintönig. Abwechslungsreich wird sie schon durch die vielen Gewässer. Die Schiffahrt, Fischerei und der Wassersport spielen nicht nur bei den Einheimischen eine große Rolle. Touristen genießen nicht nur den langen Nordseestrand des Landes, sondern kommen gern zum Segeln und Surfen an die vielen Seen. Und Holland als Blumenland. Was soll ich darüber noch schreiben? Jahr um Jahr wächst die Zahl der Besucher des „Keukenhofes", die sich an dem reichen Sortiment der Tulpen und anderer Frühlingsblumen erfreuen.

Blumenzwiebeln spielen hierzulande eine große Rolle. Sie stehen auf der Liste des Exportes an erster Stelle. Im Frühjahr fahren wir oft an vielen farbenfrohen Feldern vorbei, auf denen die Tulpen gezüchtet werden.

Eine bemerkenswerte Stadt

Gern fahren wir auch nach Gouda, das bei uns hauptsächlich als Käsestadt einen guten Namen hat. Dort auf dem Marktplatz steht, nach allen Seiten frei, ein schönes gotisches Rathaus. Wie ein antikes Familienschmuckstück mutet es an. Von welcher Seite man es auch betrachtet, immer fesselt es den Blick. Die hellroten Fensterluken bilden zu dem grauen Naturstein der Seitengiebel einen fröhlichen Kontrast.

Und dann gibt es in Gouda noch die wunderschöne Janskerk, auf die die Holländer besonders stolz sind, weil sie die meisten und die schönsten farbigen Glasfenster des Landes aufzuweisen hat.

Schon draußen fällt einem die Länge der Kirche auf. Hat man sie betreten, ist man überwältigt von der Größe und Weite dieses Gotteshauses. Und das ganze weite Rund wird umschlossen von herrlichen Glasfenstern in den hohen Wänden. Biblische und auch vaterländische Ereignisse sind auf ihnen festgehalten. In reifem Purpurrot und Lila, in fröhlichem Goldgelb, in Silbergrau und einem Grün, das an Weintrauben erinnert, sind Menschen und Landschaften gemalt. Segelschiffe und thronende Könige, Silhouetten von holländischen und himmlischen Städten sind zu sehen.

Man kann sich nicht sattsehen. Für St. Jan muß man sich Zeit nehmen. Wenn man die aufbringt, geht man reich beschenkt von dannen.

Manchmal werde ich gefragt: „Wie sind die Holländer denn eigentlich so?" Meine Antwort: „Genau wie wir, nur gibt es in Holland einige Dinge, die es anderswo so nicht gibt." „Also Einmaliges?" „Soweit ich das sehe, ja." Nur einige Beispiele:

Die Niederländer sind ein Volk von Individualisten.

Bei einer der letzten Parlamentswahlen hatten sich achtundzwanzig politische Parteien zur Wahl gestellt, darunter auch einige kleine christliche Parteien. Sie nahmen lieber die Erfolglosigkeit hin, als sich auf ein gemeinsames Wahlprogramm zu einigen.

Die Geschichte des niederländischen Volkes beweist seinen Willen zur Toleranz. Immer wieder haben Menschen, die um ihrer Gesinnung, ihres Glaubens oder ihrer Abstammung wegen verfolgt wurden, in ihm Ruhe und Geborgenheit gefunden. Ich erinnere an das Judenviertel in Amsterdam. Hunderttausende verfolgter Juden aus Portugal, Polen, Deutschland und Rußland haben dort im Laufe der Jahrhunderte Zuflucht gefunden. Sie haben sich in der Stadt heimisch gefühlt und viel zum Aufblühen des wirtschaftlichen und kulturellen Lebens in Amsterdam beigetragen. Sie haben durch ihre unterschiedliche Herkunft der Stadt einen internationalen Charakter gegeben und mitgeholfen, sie zu einer Weltstadt zu machen. Man nannte das Judenviertel, ehe Hitler den Menschen dort ein schreckliches Ende bereitete, das neue Jerusalem.

Dieser weitherzigen Duldsamkeit ist es wohl auch zuzuschreiben, daß die Heilsarmee in diesem Land solch eine hohe Achtung und tatkräftige Unterstützung erfährt. Sie darf vom Staat erlaubte Haussammlungen durchführen. Gelegentlich sieht und hört man einen Chor der Heilsarmee auf dem Fernsehschirm oder wohnt einem Interview mit einem ihrer Offiziere bei.

Es gibt wahrscheinlich auf dieser Erde kein anderes Volk, dem so viele berühmte Maler geschenkt wurden wie dem niederländischen Volk. Kunstliebhaber wissen um die Schätze, die in seinen Museen zu finden sind. All die großen Maler des siebzehnten Jahrhunderts haben es verstanden, das Leben und auch die Gefühlswelt des Bürgers jener Zeit auf die Leinwand zu bringen.

An dieser Stelle bin ich versucht, von meiner, hier im Land vertieften Liebe zu Rembrandt und Van Gogh zu sprechen. Ich will es nicht tun, weil es anderswo viel Gutes über sie zu lesen gibt. Ich will nur dankbar sagen, daß die erneute Beschäftigung mit ihrem Werk mich sehr bereichert hat.

Der Schatz in der Blechtrommel

Beim Umbau des Utrechter Museums hat man in einer vermauerten Nische eine Blechtrommel mit einigen vollbeschriebenen Heften gefunden.

Man stellte fest, daß sich an dieser Stelle vor hundert Jahren ein kleiner Lebensmittelladen befunden hat. Die Besitzerin, Frau Elisabeth Boerhabe, hat in den Jahren 1870–1880 die jetzt entdeckten Tagebücher verfaßt. Erst sind ihre Aufzeichnungen in einer Utrechter Tageszeitung erschienen und dann in Buchform herausgekommen.

Ein faszinierendes Buch!

Was Betje, so wurde Frau Elisabeth genannt, festgehalten hat, ist nicht weltbewegend, aber auch nicht alltäglich. Auch wenn sie über ganz alltägliche Dinge schreibt, über ihren Mann, der sich als tüchtiger Geschäftsmann erweist, über ihre fünf Kinder, die in ihren Veranlagungen so unterschiedlich sind, über ihre Beobachtungen hinter dem Ladentisch – immer zeigt sich, wie sich eigene Gefühle und eigene Gedanken mit einmischen.

Betje wäre eine in hohem Maße bildungsfähige Frau gewesen. Ihr selbst war dieser Weg versagt, aber eine ihrer Töchter, Lieschen, das die reichen geistigen Gaben ihrer Mutter geerbt hat, darf die höhere Schule besuchen. Es rührt mich, wie die Mutter heimlich Lieschens Schulbücher und ihre Aufsätze liest. Sie selbst erinnert sich dabei an die „Brokken, die von der reichen Herren Tische fallen".

Eine Frau vor hundert Jahren. Das Wort „Emanzipation" kommt in Betjes Tagebuch nicht vor, aber sie war eine selbständig denkende Frau, die sich nicht nur über ihre kleine Welt Gedanken machte. Als Zeitungsleserin erwähnt sie auch das eine und andere Geschehen aus der damaligen Weltpolitik.

Aber vor allem war Betje eine liebevolle Mutter ihrer Kinder und eine gute Gehilfin ihres Mannes. Aber auch darin macht sie sich selbst nichts vor, sie sieht sich realistisch und ehrlich, auch mit ihrem Zukurzkommen.

An mehreren Stellen des Tagebuchs wird deutlich, daß Betje viel Sinn für Humor hatte. Sie scheut sich nicht, auch das ihrem Tagebuch anzuvertrauen, was sie lustig findet.

Da berichtet sie zum Beispiel von einer reichen Dame, die in der Herenstraße in Utrecht wohnte und ein bißchen überkandidelt war. Die exzentrische Dame hatte mit ihrem Gemeindepastor eine Verabredung getroffen, daß sie jedesmal einen Taler in die Kollekte geben wolle, wenn er in seiner Predigt das Wort „Mesopotamien" gebrauche. Dieses Wort, so behauptete sie, trüge auf seltsame Weise zu ihrer inneren Erbauung bei. Wieviel Extrataler das aufgebracht hat, vermeldet Betjes Tagebuch leider nicht.

Hiob am ungewöhnlichen Ort

Wer in Eindhoven Pfarrer ist, der sollte etwas über den dort ansässigen Elektrokonzern wissen, dachte die Werksleitung dieses großen Betriebes und lud einige der dort wirkenden Geistlichen zu einer Informationsrunde ein. Einige der Herren waren skeptisch: Versteckte Reklame, dachten sie, man kann sich schon denken, was uns erwartet.

Aber es kam anders.

Ein freundlicher Herr mittleren Alters empfing sie und führte sie durch den Betrieb. Bei seinem anschließenden Vortrag wurde deutlich, daß seine Interessensgebiete weit über den Firmenhorizont hinausgingen.

Während seiner interessanten Ausführungen kam er plötzlich auf das Amt seiner Zuhörer zu sprechen und sagte: „Ich wage nicht, mich als einen Christen zu bezeichnen, aber wohl als einen Bibelleser." Und dann begann er, Hiob 28 in einer neuen Übersetzung aufzusagen. Das ganze Kapitel, daß das hohe Lob der Weisheit zum Inhalt hat, konnte dieser Mann auswendig und trug es nun begeistert vor. Als er damit fertig war, fügte er noch hinzu: „Meine Herren, das ist ein herrliches Stück Weltliteratur, würdig neben Goethes Faust zu stehen. Ich beneide Sie, daß Sie in Ihren Gottesdiensten solche Texte vorlesen dürfen."

Als ich das las, kam mir die Frage, ob wir Christen uns der sprachlichen Schönheit der Bibel nicht viel zu wenig bewußt sind. Wir wissen zwar, daß Martin Luther durch seine Bibelübersetzung unsere deutsche Sprache gestaltet und geprägt hat, vergessen aber oft, dieses Erbe zu bewahren.

Große Dichter und Sprachforscher haben auf die Bibel als sprachliches Meisterwerk hingewiesen. So hat der Humanist Jakob Burckhardt gesagt: „Es läßt sich in der Weltliteratur nichts vergleichen mit der Schönheit des 60. Kapitels des Jesajabuches. „Mache dich auf, werde licht, denn dein Licht kommt . . . Und die Heiden werden zu deinem Lichte ziehen und die Könige zum Glanz, der über dir aufgeht."

Ein gutes Beispiel für die Sprachgewalt der Bibel ist auch der 90. Psalm. Wie wenn eine große eherne Glocke sich langsam einschwingt, so beginnt dieses uralte Gebet: „Herr Gott, du bist unsere Zuflucht für und für. Ehe die Berge waren und die Erde geschaffen wurde, bist du Gott von Ewigkeit zu Ewigkeit."

Heute droht unserer Sprache die Gefahr der Verlotterung, der Verflachung und Verstümmelung. Wir sollten viel öfter, auch bei unserm persönlichen Bibellesen, unsere Stimme gebrauchen. Was man laut liest, prägt sich dem Gedächtnis viel besser ein und läßt uns auch die Schönheit der Sprache besser erkennen. Die Freude am schönen sprachlichen Gewande der Heiligen Schrift ist allerdings zweitrangig gegenüber der Freude an seinem Inhalt. Die Bibel will Glauben wecken, sie will uns helfen, die Hand Gottes in der Geschichte seines auserwählten Volkes zu erkennen und aus ihr hervorwachsend die Heilsgeschichte für die ganze Welt.

Beeindruckt hat mich, was ein Mann namens Rutledge über die Evangelien schreibt:

„Mehr als dreißig Jahre war es mein aufrichtiges Anliegen, Literatur zu studieren und zu lehren.

Jeder, der sich so ernsthaft damit beschäftigt, erlangt natürlich die Fähigkeit, das Unechte vom Echten zu unterscheiden, das Authentische vom Erfundenen. Jedesmal, wenn ich die Evangelien las, faszinierte mich der Eindruck, daß die Evangelien nicht zu der Dichtung, der Tradition oder des Volkstums gehören. Sie haben so eine Unbefangenheit des Lebens, eine Wirklichkeit an sich. Sie können einfach nicht, wie es auch Petrus ausdrücklich ablehnt, kluge Fabeln sein. Ihr Inhalt ist so, daß er nicht erfunden werden konnte.

Auch ihre Wirkung auf die Welt durch zweitausend Jahre war so, wie sie keine Erfindung hervorgebracht hätte.

Die Berichte über Christus besitzen jene Offenheit, Transparenz und Gültigkeit, die nur der Wahrheit eigen sind."

Heute muß sich die Bibel viel Kritik gefallen lassen.

Aber das war wohl zu allen Zeiten so. Als der bekannte englische Prediger Charles Spurgeon einmal aufgefordert wurde, nun doch die Bibel gegen ihre Angreifer zu verteidigen, antwortete er: „Das werde ich schön bleiben lassen. Das wäre ja, als wenn man einen Löwen verteidigen wolle. Die Bibel verteidigt sich selbst."

Ein Spaßmacher hilft dem anderen

Toon Hermanns, ein in den Niederlanden bekannter Kabarettist, erzählt in seinen Lebenserinnerungen eine wunderliche Geschichte:

„Ganz unerwartet hatte mich ein schwerer Kummer getroffen. Ich konnte damit nicht fertig werden und versank mehr und mehr in eine tiefe Traurigkeit. Die mir nahestehenden Menschen machten sich Sorgen um mich. Ein Freund, der mir helfen wollte, riet mir zu einem Zirkusbesuch. Besondere Aufmerksamkeit verdiene bei dem Unternehmen, das seit einigen Tagen in unserer Stadt gastierte, der kleine russische Clown Popov, sagte mein Freund. Ich müsse ihn unbedingt sehen und hören. Er wäre einfach unübertrefflich. Um meinen Freund nicht zu enttäuschen, besuchte ich die Vorstellung. Und da saß ich dann auf meinem Platz und fühlte mich einsam und innerlich leer.

Nun mußte mein Freund aber wohl auch vorher mit dem Clown gesprochen haben. Wahrscheinlich hatte er ihm erzählt, daß da ein Mann sei, der noch bis vor kurzem Tausende zum Lachen gebracht habe, nun aber selber nicht mehr lachen könne.

Es geschah jedenfalls folgendes:

Der kleine Clown kommt ins Zelt und blickt in meine Richtung. Und noch bevor sein Auftritt beginnt, steigt er über die Absperrung und kommt auf mich zu. Erst schüttelt er mir herzlich die Hand. Dann legt er sein bemaltes Gesicht an meine Schulter – und schenkt mir einen blauen Luftballon.

Und da standen wir dann unter dem donnernden Applaus des Publikums, ich lachend und weinend zugleich, in den Armen des kleinen Clowns aus Rußland."

Und dann fährt Toon Hermanns fort: „Gott schickt uns Engel, wenn wir nicht mehr weiterkönnen. Mir schickte er einen in der Gestalt eines russischen Clowns."

Das stille Licht

In einer Zeitschrift fiel mir ein seltsames Foto auf.
Da war nichts zu sehen als ein Stück Straßenpflaster. Die
viereckigen Kopfsteine lagen da in gleichmäßigen Reihen.
Man mußte schon genau hinschauen, um kleine Beschädi-
gungen an ihnen zu entdecken. Das konnte ein Stück Straße
aus jeder beliebigen alten Stadt sein.
Was faszinierte mich bloß an diesem eintönigen Bild?
Plötzlich wußte ich es. Eine unsichtbare Lampe warf einen
milden Schein auf die Straße. Ein stilles Licht spiegelte sich in
den harten, kalten Steinen. Das war das Geheimnis dieses
Fotos. Mir wurde das Straßenpflaster zum Bild für das Le-
ben eines Christen, auch für mein eigenes Leben.
Die Lebensstraße verläuft auch bei den Glaubenden nicht
immer gerade und ist nicht immer von der Sonne beschienen.
Und doch liegt auf ihr ein stilles Licht, ein warmer Schein.
Über allen Wegstrecken steht die Verheißung Jesu: „Siehe,
ich bin bei euch alle Tage."
In diesem Licht läßt es sich getrost und hoffnungsvoll le-
ben.